企业模拟经营管理实训教程

——"约创"云平台指导手册

主　编　赵　远　张颖萍　于晓蕾
副主编　张美玲　朱建中　张　琳
李　贺　王凌智　吴　琼
刘　蕾

天津大学出版社
TIANJIN UNIVERSITY PRESS

图书在版编目(CIP)数据

企业模拟经营管理实训教程："约创"云平台指导手册 / 赵远，张颖萍，于晓蕾主编；张美玲等副主编. -- 天津：天津大学出版社，2022.8（2025.8重印）
ISBN 978-7-5618-7272-7

Ⅰ. ①企… Ⅱ. ①赵… ②张… ③于… ④张… Ⅲ. ①企业管理－计算机管理系统－教材 Ⅳ. ①F272.7

中国版本图书馆CIP数据核字(2022)第138385号

出版发行	天津大学出版社
地　　址	天津市卫津路92号天津大学内(邮编:300072)
电　　话	发行部:022-27403647
网　　址	www.tjupress.com.cn
印　　刷	廊坊市海涛印刷有限公司
经　　销	全国各地新华书店
开　　本	185mm×260mm
印　　张	7.75
字　　数	200千
版　　次	2022年8月第1版
印　　次	2025年8月第4次
定　　价	30.00元

目　录

第一篇　企业模拟经营认知

一、ERP 概念及发展历史

(一)ERP 概念

ERP(Enterprise Resource Planning)是企业资源计划的英文缩写,企业资源计划是指建立在信息技术的基础上,集信息技术与先进管理思想于一身,以系统化的管理思想为企业员工及决策层提供决策手段的管理平台。它也是针对物资资源(物流)管理、人力资源(人流)管理、财务资源(财流)管理、信息资源(信息流)管理的集成一体化的企业管理软件。

(二)ERP 的发展历史

1. 第一阶段:启动期

这一阶段几乎贯穿了整个 20 世纪 80 年代,是 MRP-Ⅱ(制造资源计划)的引进、实施以及部分应用阶段, ERP 应用范围局限在传统的机械制造业(多为机床制造、汽车制造等)。由于受多种障碍的制约,应用的效果有限,这一阶段被人们称为"三个三分之一论"阶段。

20 世纪 80 年代,中国刚进入市场经济的转型阶段,企业参与市场竞争的意识尚未形成或不强烈,MPR-Ⅱ走过了一段坎坷而曲折的道路。

首先,存在着管理软件本身的技术问题。当时引进的国外软件大都是运行在大、中型计算机上的,多采用相对封闭的专用系统,开放性、通用性极差,设备庞大,操作复杂,系统性能提升困难,同时又缺少相应配套的技术支持与服务。其次,存在着缺少 MRP-II 应用与实施的经验问题。再次,存在着思想认识上的障碍问题。当时企业的领导大都对这一项目不够重视,只是将其视为一项单纯的计算机技术。尽管如此,仍有企业获得了一些效益。它们的目标是实现对全公司的订单、库存、生产、销售、人事、财务等的统一管理,以提高公司的运营效益,但结果是其应用的部分尚达不到软件系统功能的十分之一,故从整体上来看,企业所获得的效益与预期的目标相去甚远。

因此,有些人认为"外国的 MRP-II 软件不适合中国的国情和厂情"。一些专家学者在分析和总结这期间的应用情况后,提出了"三个三分之一"论点,即外国的 MRP-II 软件三分之一可以用,三分之一修改之后可以用,三分之一不能用,这就是被人们称为"三个三分之一论"的阶段。

2. 第二阶段:成长期

这一阶段是从 1990 年至 1996 年,是 MRP-Ⅱ/ERP 在中国的应用与推广取得了较好的成绩，从实践上否定了以往的观念的阶段，被人们称为“三个三分之一休矣”的阶段。

这个阶段大多还是使用外国的软件，但是随着中国的经济改革，外国的 MRP-II 软件越来越不适用了。于是，国内公司就开始制作相关软件，虽然是后起之秀，但成长的速度非常快，并且开发出的软件很符合国内的应用实际。不容忽视的是，软件开发虽然取得了较大的成绩，但也存在着诸多不足之处，主要有：①企业在选择和应用 MRP-II 时缺少整体的规划；②应用范围的广度不够，基本上局限在制造业中；③管理的范围和功能只限于企业的内部，尚未将供应链上的所有环节都纳入企业的管理范围之内；④部分企业在上马该项目时未对软件的功能和供应商的售后技术支持做详细和全面的考察，造成了不必要的浪费。

3. 第三阶段：成熟期

这一阶段是从 1997 年开始到 21 世纪初，其主要特点是 ERP 已成为主角。ERP 的应用范围也从制造业扩展到第二、三产业，并且由于不断的实践探索，应用效果也得到了显著改善，因而进入了 ERP 应用的“成熟阶段”。

第三产业的充分发展正是现代经济发展的显著标志。金融业早已成为现代经济的核心，信息产业日益成为现代经济的主导，这些都在客观上要求有一个具有多种解决方案的新型管理软件来与之相适应。ERP 就成为该阶段的主角，并把它的触角伸向各个行业，特别是第三产业中的金融业、通信业、高科技产业、零售业等，ERP 的应用范围从而得到大大的扩展。

现在，中国有越来越多的企业进行信息化，ERP 已经被大范围地使用，并配合 PLM（产品生命周期管理）、智能工厂等，为工业 5.0 做准备。

（三）ERP 系统的应用解析

1. ERP 系统的内涵

ERP 系统的应用能够帮助企业解决很多现实问题，推动企业快速成长，为企业的发展提供强有力的支撑。ERP 系统直接影响企业的投资和收益的关系，而且 ERP 系统在企业财务管理中应用，能够作用于企业的管理工作，提高财务管理的质量，同时还能够优化财务管理体系。另外，在企业的内部信息、工作流程以及各项资源的保护工作中，ERP 系统也发挥着重要的作用。ERP 系统能够实现企业的资源及管理工作的整合，形成一个完善的数据体系，并且通过信息技术可实现线上的处理，这样专业化的处理系统就是 ERP 系统。

2. ERP 系统的特征

首先，ERP 系统具有实用性。在 ERP 系统的实际应用过程中，要将其管理工具的实质特点体现出来，对企业的人力、物力、财力以及数据信息等综合性的资源进行优化处理，通过软件工具来进一步协调管理部门，以使它们在市场环境的导向之下，开展各项业务活动，不断增强企业的综合竞争实力，实现经济效益的提高。ERP 属于一种管理工具，同时也是信息技术和管理理念结合而成的软件，它在先进的管理理念的指引之下，以计算机为媒介，进一步实现企业的管理目标，满足企业各项管理需要，具有高度的实用性。

其次，ERP 系统具有整合性。ERP 系统最为显著的特征就是能够对信息系统进行高度整合，与单一化的系统相比较，ERP 系统具有更加强大的功能性。在 ERP 系统中进行数据的输入，对于企业各个关联部门来说，就能够实时实现信息的共享，进行联动获取。将企业的各项数据集成在 ERP 系统中，能够满足各项决策的需要，有助于管理工作的高效开展。

最后，ERP 系统具有前瞻性。通过 ERP 系统中的数据，我们能够对未来发展进行预测，这些数据为企业提供了各项决策的参考。随着 ERP 系统在企业中运行时间的增加，相关行业积累了大量的数据。对这些大数据进行处理和商业分析，可以为企业创造更大的市场机会，有助于企业在财务管理工作中，对定量分析方面的内容进行前瞻性的预测。

3. ERP 系统在企业财务管理工作中应用的必要性

在企业的财务管理中应用 ERP 系统，有利于实现财务与非财务指标的有机整合以及信息的融合，打破以往单一化的财务管理体系，带动了企业管理体系的优化和升级。ERP 系统通过信息技术，能够帮助企业协调各部门的工作，解决各项管理问题，实现部门之间信息的共享，进一步提高各项工作的效率和完成质量。对于企业的财务数据分析以及决策工作来说，ERP 系统可以进一步完善各种技术和条件，构建一个完整的财务管理系统。

应用 ERP 系统可以促进企业管理朝一体化方向发展，能够推动企业的财务管理体系的改革，让其具备预测性、时效性等显著特征。对于财务工作者来说，ERP 系统可以实现对财务预算标准的量化处理，使其开展的财务管理工作，更加具有针对性和明确的目标。

比如说，财务工作者要想实现对企业资金的管控，可以通过 ERP 系统，在事前预算管理体系中引入资金申请及应用，以便对企业各项资金的运用实现公开化处理，这样可以有效地防止出现资金浪费的现象。另外，企业的管理层在应用 ERP 系统的过程中，也可以结合使用 OA（办公自动化）系统以及人资管理系统，实现一体化的管理，帮助企业开展垂直化管理，对资源进行优化配置。

ERP 系统中的信息数据，能够帮助企业在内部运转过程中及时发现存在的各种问题和缺陷，避免企业管理出现漏洞，提高财务指标的合理化和有效程度，确保企业资金处于流动状态，让企业的财务管理工作发挥实效，推动企业顺利运行，不断提高竞争实力。

另外，通过 ERP 系统，我们还能够按照一个标准，实现企业各个流程和工作内容的统一化管理，对各个经济业务的具体流程，进行整体上的全面跟踪和记录，并对具体数据信息进行分析，在此基础上将企业的优势凸显出来，推动与供应商之间价格的商谈，进一步协调好与客户群之间的关系，提高企业的收益水平。另外，ERP 系统还能提高企业业务处理的效率，并实现总部对各子公司的监管和控制，使得企业的资金周转效率大大提升。

二、企业模拟经营沙盘简介

（一）什么是企业模拟经营沙盘

企业模拟经营沙盘推演源于西方军事沙盘模拟推演。军事沙盘模拟推演通过构建战场模型，让指挥员在战场模型上排兵布阵，模拟敌我两军在战场上的对抗与较量过程，以寻求最佳战术策略。企业模拟经营沙盘是国内外咨询公司和培训机构借鉴了军事沙盘模拟推演的思想，将企业的各个部门和业务抽象浓缩，并设定了一定的经营规则和商业环境，让参与企业模拟经营沙盘推演的学员对企业进行战略规划、资金筹集、销售预测、市场营销、生产规划、材料采购、生产执行、库存管理、产品研发、资质认证、渠道建设、设备更新以及财务核算等业务的经营和决策的模型。经过若干虚拟会计期间学员的经营，公司将产生不同的经营效果，或赢利，或亏损，甚至破产。

（二）企业模拟经营沙盘培训的意义

企业模拟经营沙盘培训的对象可以是在校学习的学生、刚入职的员工或者有多年企业管理工作经验的职业经理人。对于不同的培训对象，企业模拟经营沙盘培训有着不同的作用。总的来说，它对培训对象的管理知识水平、管理技能和管理素质三方面有着不同程度的提升。

（三）企业模拟经营沙盘运营与管理

1. 企业模拟经营沙盘——企业运营

企业模拟经营沙盘按照制造企业的职能部门划分了职能中心，各职能中心涵盖了企业运营的所有关键环节，包括：战略规划、资金筹集、市场营销、产品研发、生产组织、物资采购、设备投资与改造、财务核算与管理等部分。通过对职能定位，明确每个参训学员在企业组织内的岗位角色，一般分为总经理、采购总监、生产总监、销售总监、财务总监等主要角色。当人数较多时，还可以适当增加财务助理等辅助角色。在虚拟的几年的经营过程中，参训学员可以进行角色互换，从而体验角色转换后考虑问题的出发点的相应变化，了解各职能部门之间的业务关联。

2. 企业模拟经营沙盘——企业管理

企业模拟经营沙盘通过对企业经营管理的全方位展现与模拟体验，可以使学员在以下几个方面获益。

（1）战略管理

企业模拟经营沙盘培训需要学员对企业进行4~6年的模拟经营。首先学员需要为企业制定明确的企业战略，包括产品战略、市场战略、竞争战略及融资战略等，并将战略目标落实到模拟公司的业务经营中去，从生产线的调整、产品的生产规划到原材料的采购，最终对战略目标的完成进行分析。经过模拟经营，学员将会逐步了解到企业战略会如何影响企业业务经营，如何保证业务与战略的一致。

（2）营销管理

在模拟中，沙盘企业所在的虚拟市场提供了各种产品的需求信息。学员将根据这些商业信息学会如何分析市场、分析产品的毛利和销售额，利用市场营销的理论进行市场细分和定位，同时在竞争中分析竞争对手的营销策略，更有效地进行订单的竞争，制订并有效实施销售计划，最终达成企业战略目标。

(3)运营管理

根据制造企业的业务流程,在确定客户的需求后,企业需要根据客户的订单和自己的预测对企业的生产和采购进行规划,编制需求计划,进而安排生产作业和采购作业。在企业模拟经营沙盘中,学员将学会通过广告竞单和销售规划制定本年度的生产规划,并依此进行WPS(主生产计划)和WRP(物料需求计划),得到原材料的采购计划和加工件的生产计划。这一过程需要销售部门、计划部门、产品研发部门、生产部门和采购部门的统筹协调,任何一个环节出现问题,都将影响销售任务的完成。

(4)财务管理

在企业模拟经营的过程中,团队成员将学习理解资产负债表、利润表的结构,学会编制资产负债表和利润表,掌握影响企业利润的因素;理解现金流量表的结构,学会编制现金流量表;理解现金流对企业经营的影响;解读企业经营的全局;预估长短期资金需求,以最佳方式筹资,控制融资成本,提高资金使用效率。

(5)人力资源管理

企业模拟经营既需要公司各部门分工,也需要部门间的合作。团队从招聘新员工组建公司开始,就要明确组织架构、职责与分工,逐渐形成默契。团队内部面临决策时,从众口不一、各执一词到互相商量、沟通协作,每一个团队成员都会理解局部最优不等于总体最优的道理,学会如何为了整体利益进行有效的沟通。团队成员认识到只有在组织的全体成员有着共同愿景、朝着共同的绩效目标、遵守相应的工作规范、彼此信任和支持的氛围下,企业才能取得成功。

(6)基于企业信息化的思维方式

企业模拟经营沙盘借助于沙盘,让学员体验到传统的企业存在的种种弊端影响:部门间的信息不对称、缺乏有效统筹而导致的运营效率低下,缺乏对数据的有效汇总分析导致的决策失误等。学员真切地体会到构建企业信息系统的必要性。通过沙盘业务信息化体验,学员们能够体会到企业信息系统能够时刻跟踪和呈现企业运行状况,对企业运行过程进行控制和监督,及时为企业管理者提供丰富的有用信息。

3. 企业模拟经营沙盘——能力提升

(1)沟通能力

在企业模拟经营沙盘中,各部门分工协作,面临诸多决策时,难免出现团队内部意见不统一,甚至由于团队的内部矛盾导致企业无法正常运营的情况。学员们必须学会去倾听他人的意见,有效地向团队成员陈述自己的看法,必要时能够放弃自己的想法,服从整体的利益。学员可以真切地体验到沟通能力将如何影响企业的经营决策,并能通过企业模拟经营沙盘不断地提高自己的沟通效率。

(2)决策能力

许多学员在参与企业模拟经营沙盘培训之前不习惯也不喜欢在团队中做决策,主要原因是担心自己的决策会导致团队“输”给其他团队。而企业模拟经营沙盘培训是门需要诸多“决策”的课程,无论是企业战略规划、产品战略、市场战略、竞争战略及融资战略,都需要相应部门的决策者进行决策，每个团队成员都会参与决策。经过几次模拟对抗，学员们将渐渐地敢于决策、善于决策，在决策中学习、在决策中领悟。

（3）抗挫折能力

输是企业模拟经营沙盘培训中每个团队都将遇到的经历。经营业绩落后其他团队，屡次在经营中犯同一个错误，甚至最后破产，这些挫折感也是企业模拟经营沙盘培训中每个学员要体验和学会处理的情绪。企业模拟经营沙盘的学习目标之一就是让团队成员从不愿输、害怕输到放下输，进而去挖掘和分析输的原因，不断总结经验，改进公司的运营效率和管理方式，慢慢地从输到赢，进而拥有一个企业管理者谨慎、客观、理想的经营态度并学会相应的管理方式。

（4）全局观

通过企业模拟经营沙盘，团队成员能够充分体会到企业内部任何一个职能部门都是企业经营正常运转不可或缺的一部分。在模拟企业中，总经理对企业战略总体把握并在关键时刻做决策；财务总监对企业资金正常运转精确计算及分析融资规划和经营情况；市场总监能够洞察商业需求，并避开激烈竞争，确保企业占有足够的市场份额。只有每一个角色都从企业总体最优的角度出发，各司其职、相互协作，才能使企业在竞争中取胜。

三、企业模拟经营沙盘——“约创”云平台

（一）“约创”云平台概述

“约创”云平台以云计算、大数据等互联网技术为基础、以实践实训课程为核心，通过学、练、赛、创等方式，培养和提升学生的创业素质和能力。平台提供“理论课＋实训课＋实践＋竞赛＋就业”等生态服务，实现学生的探究式、体验式学习，让学习变得“快乐好玩”、教学变得“简单便捷”，从而提高学校的整体教学效率。

（二）“约创”沙盘管理角色及职能

总经理：制定发展战略、分析竞争格局、确定经营目标、制定业务策略、全面预算管理、管理团队协同、分析企业绩效、业绩考评管理、管理授权与总结。

采购总监：编制采购计划、与供应商谈判、签订采购合同、完善采购过程、现货验收、仓储管理、采购支付选择、与财务部协调、与生产部协调。

生产总监：产品研发管理、管理体系认证、固定资产投资、编制生产计划、平衡生产能力、生产车间管理、产品质量保证、成品库存管理、产品外协管理。

销售总监：市场调查分析，制定市场进入策略、品种发展策略、广告宣传策略，制订销售计划，争取订单与谈判，签订合同与过程控制，按时发货，应收款管理，销售绩效分析。

财务总监：日常财务记账和登账、向税务部门报税、提供财务报表、日常现金管理、制定企业融资策略、控制成本费用、资金调度与风险管理、财务制度与风险管理、财务分析与协助

决策。

四、企业模拟经营规则

(一)企业模拟经营沙盘通用规则

每年运行过程的各子阶段经营功能的时间分配如表 1-4-1-1 所示。

表 1-4-1-1　每年各子阶段经营功能的时间分配

经营功能	运行启动	年初阶段	年中阶段	年末阶段
促销及计划	裁判手动	5 分钟	×	×
第一次申请订单	自动	10 分钟	×	×
第二次申请订单	自动	5 分钟	×	×
第一季度	裁判手动	×	15 分钟	×
第二季度	裁判手动	×	15 分钟	×
第三季度	裁判手动	×	15 分钟	×
第四季度	裁判手动	×	15 分钟	×
商业情报收集 + 报表审核上报	裁判手动	×	×	15 分钟

其中：× 表示经营功能在本阶段禁止使用；每阶段的时间表示经营功能允许操作的时间，超过这个时间，该功能将自动关闭。

1. 年初时段运行操作规则

(1)年初时段任务清单

年初时段任务清单包括用于当年进入各市场的投放促销广告、销售订货会、市场资质的研发投资以及制订本年度经营计划等活动。具体任务及限定时间如表 1-4-1-2 所示。

表 1-4-1-2　年初时段任务清单

任务清单	岗位	促销及计划（5 分钟）	申请订单及分配(1)（10 分钟）	申请订单及分配(2)（5 分钟）
投放促销广告	总经理	√	×	×
市场资质(ISO)投资	总经理	√	√	√
申请销售订单	全岗	×	√	√
贴现	财务	√	√	√
预算费用申报	全岗	√	√	√

(2)促销及计划时段的操作规则

1)促销广告的目的是提升该市场中本企业知名度，订单按照申报者所在企业的知名度排名顺序进行分配。企业知名度排名靠前的企业，更容易被分到申报的相应数量的产品。

2）投放促销广告只能在表1-4-1-2规定的时间内进行。

3）促销广告分市场投放，每个市场投放的广告只影响本市场当年的企业知名度排名。

（3）第一次申报订单的操作规则

1）在规定时间内，各队同时进行订单数量申报，互不冲突。在选单结束进行订单分配时，根据各队的企业知名度排名，确定各队实际申报到的订单数量。

①选手以队为单位进行订单申报，可同时进行所有市场、产品的订单申报，即选择一张订单，填写需要获取的产品数量，然后点击“申报”按钮提交申请，申请产品的数量将被显示在订单表的申报详情栏中。

②所有岗位都可以进行任何市场的订单申报，系统只接受最后一次点击“申报”的数量。

2）订单分配。

①每张订单按照申请企业的企业知名度排名顺序依次进行分配。

②企业申请某订单的数量小于该订单剩余产品数量时，按照申请的数量全额分配。

③企业申请某订单的数量大于该订单剩余产品数量时，按照该订单剩余数量分配（即申请人只能获得剩余产品数量）。

④当某订单的产品剩余数量为“0”时，该订单分配完成，还没排到的企业将不能获得该订单的产品。

3）企业知名度排名相同时的订单分配。

如果两家以上企业的知名度排名相同且申请了同一张订单，本着平等分配的原则，按照下述方法进行分配。

①最小申请量平均分配法：取该订单申请排名相同的公司总数 S_0，和相同排名各队中最小申请数量 P_0，计算：$M_0 = P_0 \times S_0$，如果 M_0 小于订单剩余的产品数量，即订单的产品数量足够让各公司都获得 P_0 个产品，则排名相同的各公司将分配到 P_0 数量的产品。依次进行分配，直到 M_0 大于订单剩余的产品数量，即订单剩余产品数量不够按照 P_0 平均分配时则执行按公司数平均分配法。

②按公司数平均分配法：将剩余公司数 S_0 和订单剩余产品数 U_0 进行比较，当 U_0 大于或等于 S_0 时，计算：$M_1 = U_0 \div S_0$ 并取整数，按照 M_1 的取整值将产品平均分配给每个剩余公司。当 U_0 小于 S_0（即剩余的产品数量不够剩余公司平均分到1个）时，本次分配结束，剩余的产品将进入下个排名的分配。

（4）第二次申报订单的操作规则

1）第一次未分配完的产品订单在第二次申请阶段显示，已经分配完的订单不再出现在可选订单中。

2）第二次申报订单操作与第一次申报订单操作相同。第二次申报时间结束后，系统自动进行第二次分配。

2. 年中时段运行操作规则

1）年中运行的虚拟时间共为1年（4个季度）。每季度为1个阶段。每个季度运行时间为现实时间 15 分钟。

2）年中每个季度（阶段）中，各队可进行日期自选。

①每月：各队可自主在一个月内选择经营日期进行操作（如 1 月 1 日、1 月 30 日）。允许跳选日期操作，但只能向前跳选，禁止向后退。

②每季度：在一个季度中，各队可自行结束每月操作，进入下月的日期操作（如 1 月 1 日，结束进入 2 月 1 日操作）。但每季度最后一个月，只能等待统一的季度结束时间，不能自主跳至下一季度。

③季度结束：设定的季度运行时间结束后，系统将自动结束本季度，所有未完成的操作都将自动跳转至本季度结束状态。

3）跳过的日期中如有没完成的操作，系统会自动根据选定的日期判断跳过的操作是否违约，比如：从 3 月 1 日，跳到 3 月 10 日，中间的 3 月 5 日有原料到货的操作未执行，则跳到 3 月 10 日时，系统自动判定 3 月 5 日应到货的采购订单为“收货违约”。

4）总经理可进行挑选日期操作。

5）总经理选择操作日期后，其他操作岗位可点击日期旁的刷新按钮，刷新当前日期。

6）运行中操作页面上的时间进度条，表示本季度运行的剩余时间（系统时间）。

7）每年的 12 月份，会对本年所有未缴费用进行强制清缴，即：

① 12 个月份的所有费用的容忍到期日调整到 12 月 29 日；

② 12 月 30 日即对所有未缴费用按照强制扣除处理，并按照 OID1 减值，OID2 减值扣减所有市场 OID（经营诚信度）。

3. 年末时段运行操作规则

（1）年末时段，所有经营操作均被停止，必须在规定的时间内完成

1）经营报表填制、上报。

2）商业情报收集。

（2）经营报表填制、上报

1）经营报表由费用表、利润表和资产负债表组成，每年各公司须在年末规定的时间内，完成经营报表的上报。

2）经营报表的制作是由下列环节构成的，即填制岗位统计表 → 提交岗位统计表 →生成经营报表 →上报经营报表。

①岗位统计表包括：“经理统计表”“采购统计表”“销售统计表”“财务统计表”和“生产统计表”，分别由经理、采购总监、销售总监、财务总监和生产总监各自填报并提交完成。岗位统计表可以多次提交，每次提交都刷新上报的经营报表。

②合成的经营报表不能直接修改，必须经岗位统计表修改后再次刷新。

③合成的经营报表由总经理或财务总监在“报表上报”功能中，点击“提交报表”完成上报，提交后不可修改。

④年末结束时，系统自动关闭本年的所有报表操作。

3）报表核查。

待系统的"年末"到时后，可以在"报表上报"窗口中，选择本年查询经营报表的"系统值"和"上报值"的对比数据。

①报表对比数据显示格式为：系统值 / 本公司上报值。

②显示底色表示对比数据的一致与否，"绿色"表示系统值与上报值一致，"粉色"表示系统值与上报值不一致，"黄色"表示没有上报数据。

4）商业情报收集。

①进入年末时段，可以查询当年的"经营结果排名"。

②年末时段，总经理可以通过"商业情报"功能，查看任何公司的公司详情，便于了解其他公司的经营动向。现金为负的公司无法获取商业情报。

4. 容忍期和强制取消 / 执行

1）模拟运行中公司与外界的交易活动（或业务）必须在规定时间内完成（如产品销售订单必须在交货日期前交货，原料订货必须在到货日期前收货入库等），否则将降低企业的经营诚信度。

2）容忍期：凡是在规定日期没有完成的业务操作，允许延迟一段时间继续执行，这个延迟的时段称为"容忍期"，在容忍期内除了按照业务要求进行操作外，还必须：

①支付相应的违约金，在支付业务费用的同时支付违约金；

②扣减经营诚信度分数。

3）强制取消 / 执行：容忍期结束时仍不能完成业务操作时，该业务将被强制处理。

①取消订单（包括销售订单、采购订单），将强制扣除违约金，并额外再扣减经营诚信度分数，取消的订单将返回临时市场继续。

②强制执行费用支付业务，如扣掉应还的贷款或利息等以及违约金。费用将被强制从财务账户中扣除，如果财务账户资金不足，将扣减至负值。

特别说明：容忍期和强制取消 / 执行是两种不同的惩罚措施。容忍期内，原操作仍然可以进行，将被扣除违约金，并按 OID1 减值扣减；如强制 / 取消执行，则不允许进行原操作，扣除违约金，并按 OID1 减值及 OID2 减值扣减。

5. 企业知名度和经营诚信度（OID）

1）企业知名度是公众对企业名称、商标、产品等方面认知和了解的程度。企业知名度分市场计算，各公司在一个市场中的企业知名度排名，决定该市场订单分配的先后顺序。

①广告分为促销广告和战略广告两类。

促销广告只能在年初订单申请前进行投放，直接影响本年度企业知名度排名，本年年中运行开始后，促销广告不再影响企业知名度排名。

战略广告在年中可随时投放，但是只在每季度末进行计算，下季度 1 号显示上季度最终知名度排名。即：年初显示当前排名；第一季度显示年初排名；第二季度显示第一季度排名。战略广告对知名度有三年的影响，即投放的广告参与各年（三年）知名度计算。

②两类广告均分市场投放，用于提升企业在该市场的企业知名度排名。

2）经营诚信度（OID）是反映经营信用程度的指标，与企业运行行为关联，不符合规则的业务行为，将降低经营诚信度，每项业务的操作或对 OID 值产生增值的效应，或对 OID 值产生减值的效应。OID 值的变化计算公式为：

某市场的 OID 值= 市场当前 OID 值 + 市场 OID 增值 − 市场 OID 减值。

其中：

①增值的条件如表 1-4-1-3 所示，减值的条件如表 1-4-1-4 所示。

② OID 增值每年末自动计算一次，OID 减值计算实时进行（见表 1-4-1-5）。

表 1-4-1-3　OID 增值计算项

类别	OID 影响因素	影响范围	计算方式
OID 增值	交货无违约	单一市场	常量
	市场占有率	单一市场	计算值
	贷款无违约	全部市场	常量
	付款收货无违约	全部市场	常量

表 1-4-1-4　OID 减值计算项

类别	OID 影响因素		影响范围
OID 减值	订单违约交单	容忍期内完成	单一市场
		强制执行	
	还贷及利息违约	容忍期内完成	全部市场
		强制执行	
	付款收货违约	容忍期内完成	全部市场
		强制执行	
	年初现金为负	现金为负	全部市场
	支付费用违约	容忍期内完成	全部市场
		强制执行	

注：当年初现金为负值时，全部市场 OID 值减 0.2。

表 1-4-1-5　OID 增减相关的经营操作

序号	动作	岗位	本地 OID	区域 OID	国内 OID	亚洲 OID	国际 OID	是否容忍	扣减违约金
1	交货无违约	系统	+	+	+	+	+	无	无
2	市场占有率	系统	+	+	+	+	+	无	无
3	贷款无违约	系统			+			无	无
4	付款收货无违约	系统			+			无	无
5	订单违约交单	销售	−	−	−	−	−	有	有
6	取消订单强制扣除违约金	销售	−	−	−	−	−	有	有
7	原料订单延迟收货违约	采购			−			有	有

续表

序号	动作	岗位	本地 OID	区域 OID	国内 OID	亚洲 OID	国际 OID	是否容忍	扣减违约金
8	取消原料订单强制扣除违约金	采购	-					有	有
9	零售市场出售原料未能履约	采购	-					有	有
10	零售市场出售产品未能履约	销售	-					有	有
11	代工延迟收货违约	销售	-					有	有
12	取消代工订单并强制扣除违约金	销售	-					有	有
13	贷款延迟还款违约	财务	-					有	有
14	强制扣除应还贷款及违约金	财务	-					有	有
15	贷款利息延迟支付违约	财务	-					有	有
16	强制扣除应还贷利息及违约金	财务	-					有	有
17	延迟支付维修费违约	财务	-					有	有
18	强制扣除维修费及违约金	财务	-					有	有
19	延迟支付厂房租金违约	经理	-					有	有
20	强制扣除厂房租金及违约金	经理	-					有	有

3）企业在某个市场中的知名度与其在该市场投放的广告和经营诚信度有关，具体计算公式为：

某市场企业知名度的量化计算值＝该市场当前 OID 值 ×（该市场当年战略广告 × 第一年有效权重 + 上年战略广告 × 第二年有效权重 + 前年战略广告 × 第三年有效权重）+ 该市场当前的促销广告。

6. 销售类型与订单分配

销售类型分为：订货、临时交易、现货交易。

（1）订货会在每年初举行

（2）临时交易订单

临时交易是在年中运行期内发生已被分配的订单“取消”时，重新设定“价格”和“交货期”后在临时交易市场中进行交易的活动，临时交易有如下规则。

1）临时交易发生在年中（1 月至 12 月）的运行期间，如年初订货会中已分配的订单，被其他队伍“违约取消”，则出现在订货会中，可在订货会的临时交易中进行申请分配操作。

2）临时交易触发条件。

当某公司的订单进入容忍期时，将向所有公司的销售总监发布“临时交易”市场订单预告，预告信息包括：市场名、产品名、产品数量、预计上架日期等。

①当容忍期的订单被取消时，取消当日进入临时交易市场。

②如果预告的临时订单在容忍期完成交货，则不再进入临时交易市场。

（3）现货市场订单

每年均可在“现货市场”中根据现货市场价格进行产品和原料的买进或卖出的交易

活动。

1)现货交易过程无须市场准入。

2)现货交易直接以现金结算。

7. 商业情报收集

比赛过程中,其他参赛队的经营状况可通过两个途径进行收集。

①每年年初订单分配后,可以从订货会窗口中的“订单分配详情”获取,可以通过产品、获取人、市场三个条件任意组合进行筛选,从而获得整个市场的订单获取情况。

②每年年末,总经理进行相关操作可获取各队“公司详情”。现金为负的队伍无法获取情报。

8. 经营报表操作规则

经营报表格式与数据来源如下。

1)费用统计表见表 1-4-1-6。

表 1-4-1-6　费用统计表

序号	项目	填报岗位
1	管理费	财务
2	广告费	经理
3	设备维修费	财务
4	转产及技改费	财务
5	租金	经理
6	市场准入投资	经理
7	产品研发费	经理
8	ISO 资格投资	经理
9	信息费	经理
10	培训费	财务
11	基本工资	财务
12	费用合计	=本表 1 项 ~11 项之和

2)利润表见表 1-4-1-7。

表 1-4-1-7　利润表

序号	项目	数据来源
1	销售收入	产品销售“收入”合计项
2	直接成本	产品生产“成本”合计项
3	毛利	=本表 1 项－2 项
4	综合费用	费用表“费用合计”项

续表

序号	项目	数据来源
5	折旧前利润	=本表 3 项 -4 项
6	折旧	财务统计表
7	支付利息前利润	=本表 5 项 -6 项
8	财务费用	财务统计表
9	营业外收支	财务、原料统计表
10	税前利润	=本表 7 项 -8 项 +9 项
11	所得税	财务统计表
12	净利润	=本表 10 项 -11 项

注：表中本年发生数据取自本年的费用统计表和岗位统计表，数据采集的说明详见“费用统计表”和相关岗位任务中报表部分的说明。

3）资产负债表见表 1-4-1-8。

表 1-4-1-8　资产负债表

序号	表项	年初数（上年期末数）	期末数
1	现金		财务统计
2	应收款		财务统计
3	在制品		生产统计
4	产成品		销售统计
5	原材料		采购统计
6	流动资产合计		=本表 1 项 ~5 项之和
7	土地和建筑		经理统计
8	机器与设备		生产统计
9	在建工程		生产统计
10	固定资产合计		=本表 7 项 +8 项 +9 项
11	资产总计		=本表 6 项 +10 项
12	长期负债		财务统计
13	短期负债		财务统计
14	应付款		财务统计
15	应交税金		=本年利润表 11 项
16	负债合计		=本表 12 项 +13 项 +14 项 +15 项
17	股东资本		财务统计
18	利润留存	*	* =本表年初 18 项 + 年初 19 项
19	本年利润	*	=本年利润表 12 项
20	权益合计		=本表 17 项 +18 项 +19 项
21	负债 + 所有者权益总计		=本表 16 项 +20 项

①表中“年初数”栏数据取自上年的“资产负债表”。
②表中“期末数”栏数据取自本年的“利润表”以及相关岗位的本年统计表,数据采集的说明详见“利润表”和相关岗位任务中报表部分的说明。
③特别注意的是标注“*”的数据,在制作本表时,“年初数”是上年末的资产负债表的“期末数”栏的数据,所以制作本表时,需要从上年的资产负债表中提取数据。

表 1-4-1-9　比赛结果评分

分值项	分值	评分方法	审核方法	公布方法
经营结果得分	100 分	以第四年的系统分数排名顺序确定评分	现场裁判审核	选手签字确认
报表减分	1 分 / 年	每年结束后裁判核对各组报表填写情况	参赛选手、现场裁判、监督签字	选手签字确认

特别说明:
①报表审核只审核“资产负债表”;
②所谓全部正确是指报表各项(除所得税外)与系统报表数据完全相同;
③考虑计算工具的误差,所得税项与系统数据允许误差为 0.01;
④系统分数的计算公式:第四年的系统【分数】=第四年 OID 平均值 × 当年权益,其中 OID 平均值是各市场的 OID 值的平均数。

表 1-4-1-10　第四年分数排名评分标准

分数排名	得分	分数排名	得分
1	100	11	70
2	97	12	67
3	94	13	64
4	91	14	61
5	88	15	58
6	85	16	55
7	82	17	52
8	79	18	49
9	76	19	46
10	73	20	43

(二)总经理职能及介绍

1. 总经理办公室

总经理办公室显示界面:头像、时间、资金情况、可操作按钮(见图 1-4-2-1)。

图 1-4-2-1 总经理办公室

2. 投放广告

在年初会有 5 分钟时间来进行促销广告的投放。广告资金花费“总经理”的钱，如总经理没有现金，则无法投放。投放广告流程：订货会→选单→投放广告（见图 1-4-2-2）。

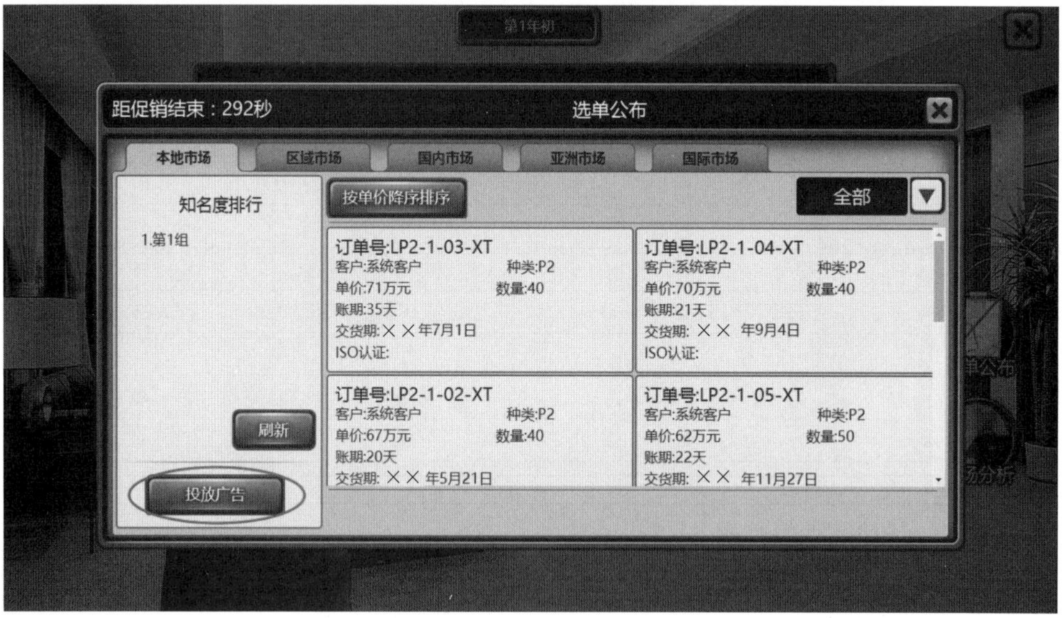

图 1-4-2-2 投放广告

需注意：

广告投放的是市场广告，不再针对单一产品，即在“本地”市场投放广告后该市场的所有产品订单均可进行选单(见图 1-4-2-3)。促销广告结束后“促销广告”按钮会消失,生成选单排名。最终排名是按照促销广告额 + 战略市场广告份额 + 客户满意度(CSD 值)进行综合计算的(见图 1-4-2-4)。

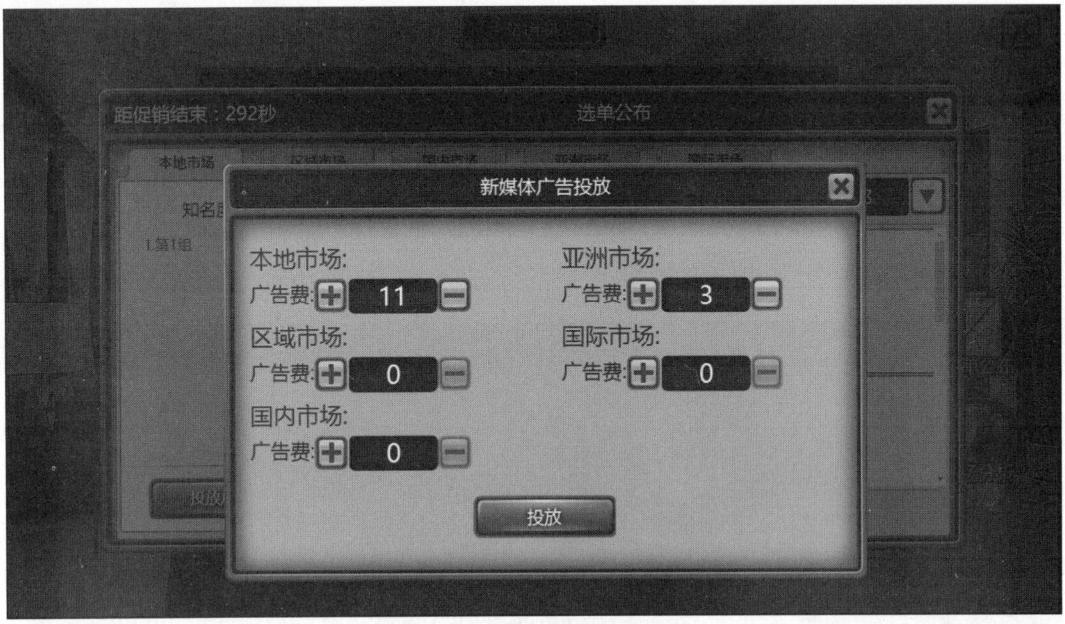

图 1-4-2-3　市场广告投放

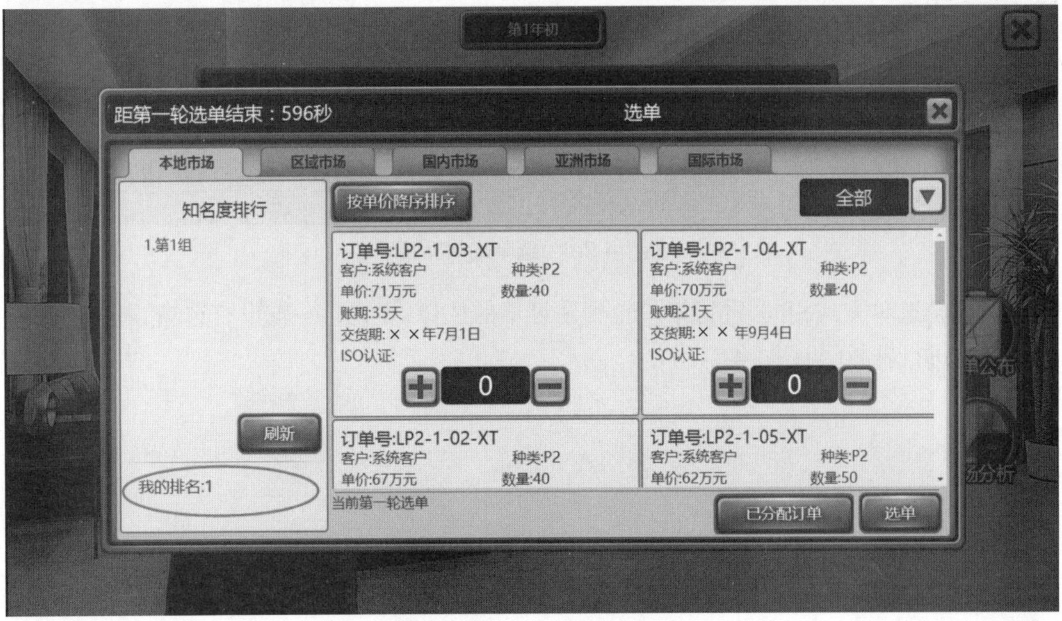

图 1-4-2-4　第一轮订单申报

广告投放流程如图 1-4-2-5 所示。

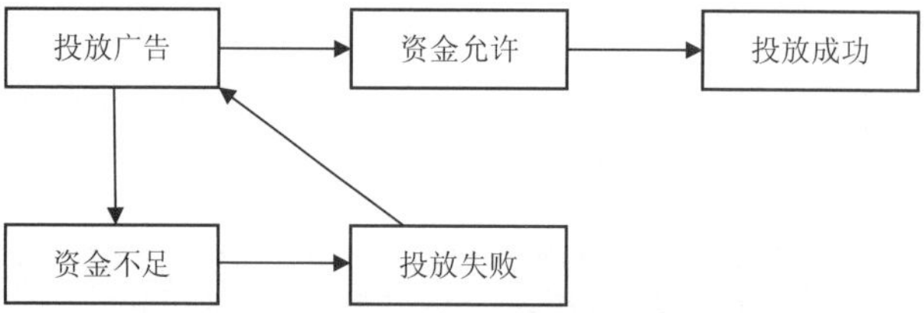

图 1-4-2-5　广告投放流程图

3. 选单

在年初会有 10 分钟的第一轮选单和 5 分钟的第二轮选单。促销广告结束后界面会直接跳转到选单界面。选单流程:点击订单“+”或者“-”进行订单数量的选择,确定后点击选单按钮,并提示选单成功(见图 1-4-2-6)。

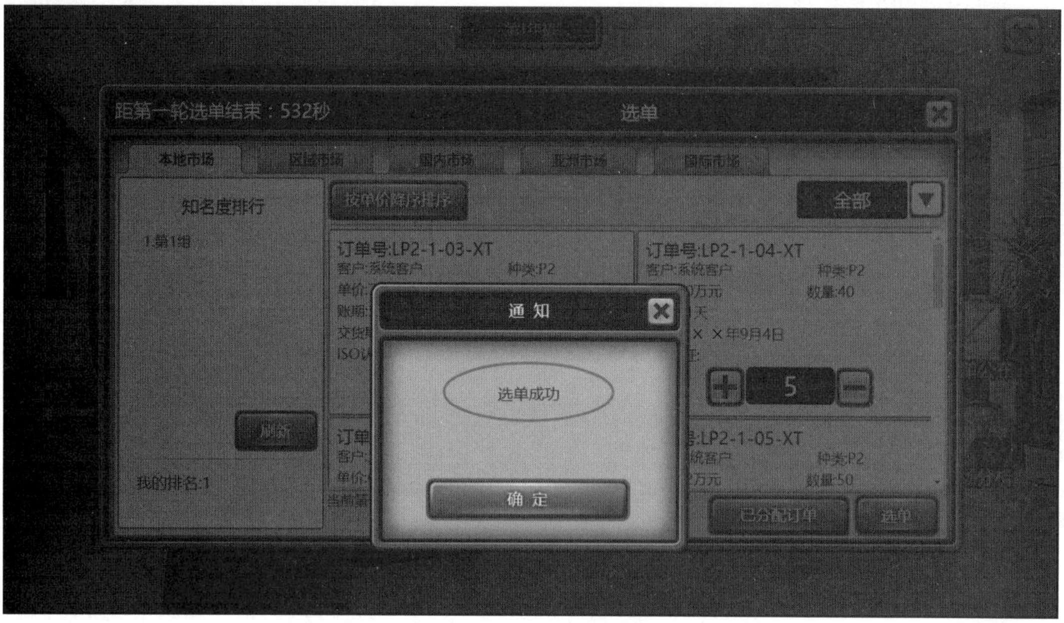

图 1-4-2-6　选单成功界面

第二轮选单方式相同,进行第一轮剩余订单的选择,如在第一轮没有选满,可以通过第二轮选单进行补救(见图 1-4-2-7)。

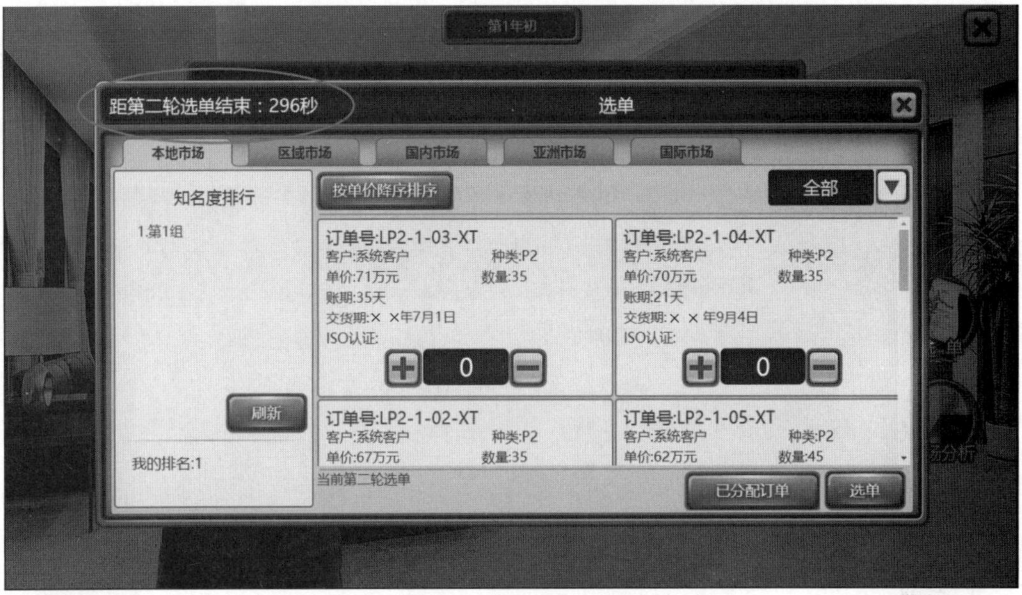

图 1-4-2-7　第二轮订单申报

需注意：

1）两轮如果选择同一张订单，则实际分配的时候会将两轮数量添加成同一张订单。

2）两轮选单轮数之间可以通过“已分配订单”查看自己获取的订单。

3）如果当前轮数选择订单数量过多或者过少，可以继续点击“+”“-”修改订单数量，并且点击“选单”按钮重新确认最终订单，实际选单按照最后一次点击“选单”按钮为准，如果第一轮已经结束，则第一轮获取的订单将无法修改。

4）订单分配按照排名先后进行，优先满足排名靠前的企业的需求，选单一共有两次分配机会，分别在两轮选单结束时分配，选单结果如图 1-4-2-8 所示。

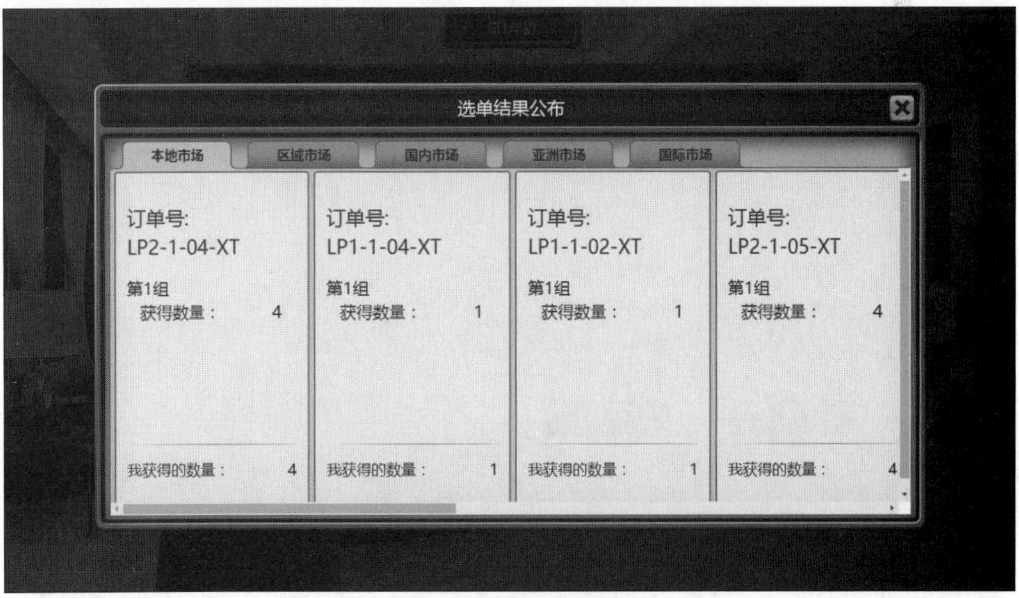

图 1-4-2-8　选单结果

4. 市场准入

在年初 20 分钟广告和选单时间段内，可以进行“市场准入”（即开拓市场）操作。开拓资金花费“总经理”的钱，如总经理没有现金，则无法开拓。市场准入流程：左上角公司大厦→总经理办公室→资质开发→市场准入（见图 1-4-2-9）。

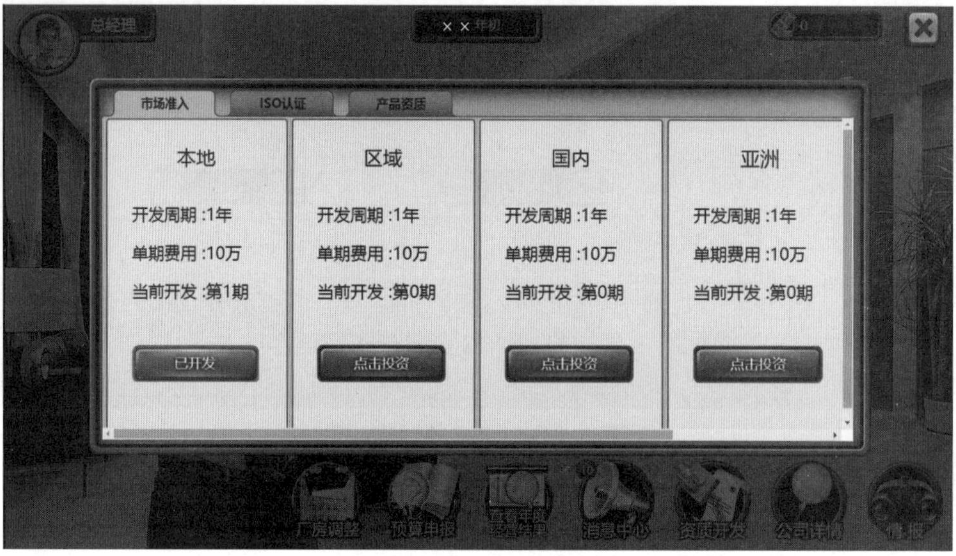

图 1-4-2-9　市场准入

需注意：

资质开发结束后，可以选择具备相应资质的订单，如“区域市场”开发周期 1 年。

5. ISO 认证

在年初 20 分钟广告和选单时间段内，可以进行“ISO 认证”操作。认证资金花费“总经理”的钱，如总经理没有现金，则无法认证。ISO 认证流程：左上角公司大厦→总经理办公室→资质开发→ ISO 认证（见图 1-4-2-10）。

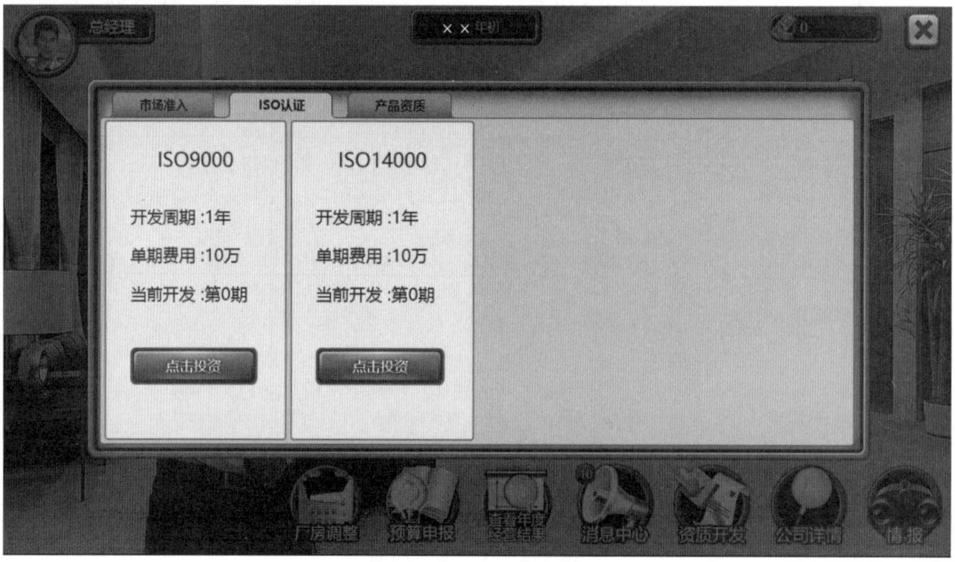

图 1-4-2-10　ISO 认证

需注意：

认证开发结束后，可以选择具备相应认证的订单，如“ISO 9000 和 ISO 14000”开发周期 1 年。

6. 产品资质

在年中时间段内，可以进行“产品资质研发”操作。开发资金花费“总经理”的钱，如总经理没有现金，则无法开发。产品资质开发流程：左上角公司大厦→总经理办公室→资质开发→产品资质（见图 1-4-2-11）。

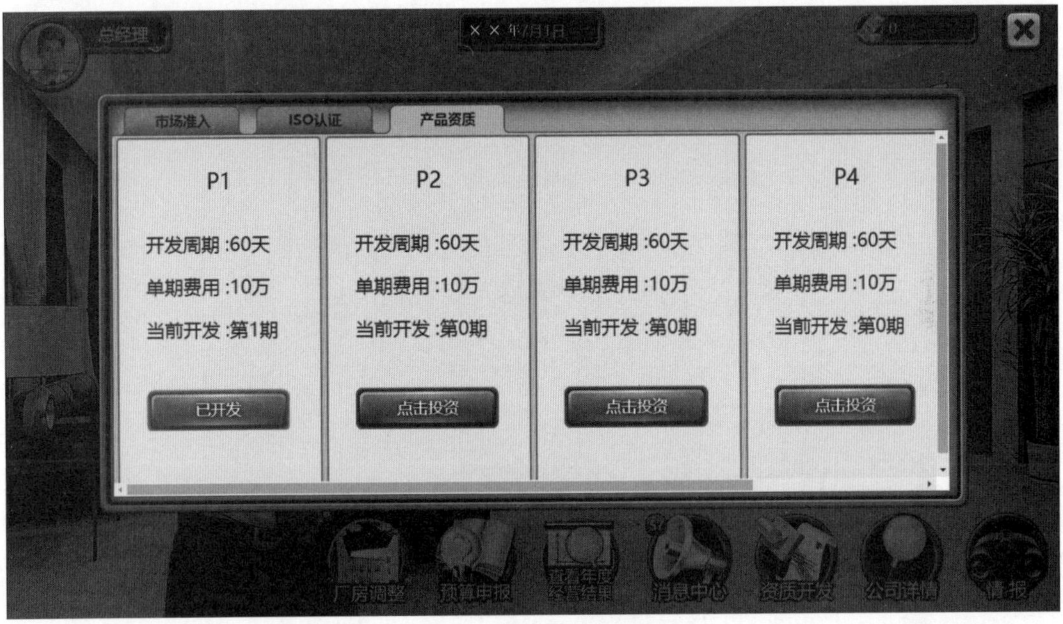

图 1-4-2-11　产品资质

需注意：到期需要手动进行下个周期的开发。

资质开发流程如图 1-4-2-12 所示。

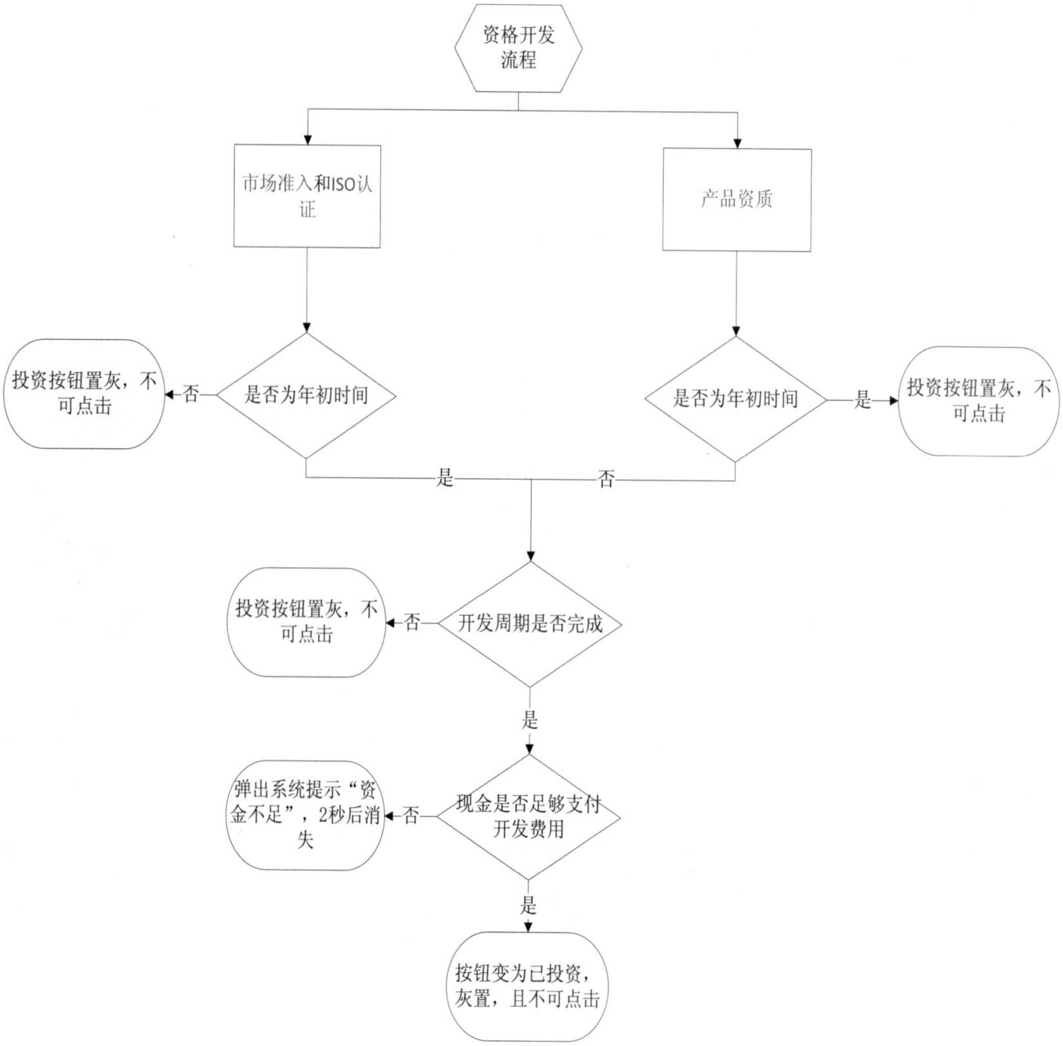

图 1-4-2-12　资质开发流程图

7. 厂房调整

厂房调整可对厂房进行购买、租用以及续租的操作(见图 1-4-2-13)。

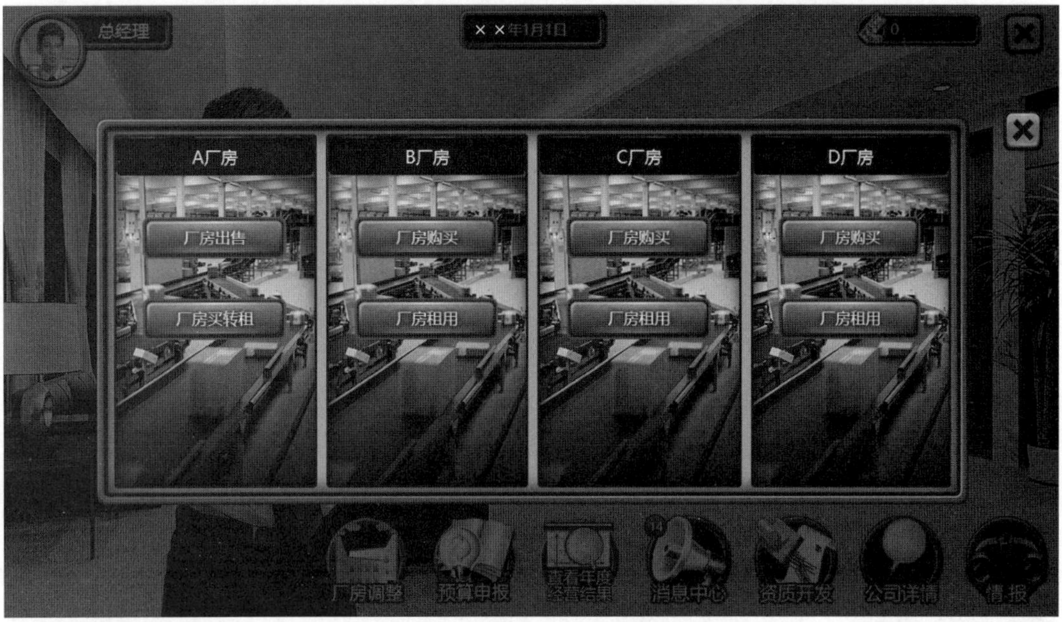

图 1-4-2-13　厂房调整

需注意:租用厂房无法进行租转买。

厂房购买流程如图 1-4-2-14 所示。

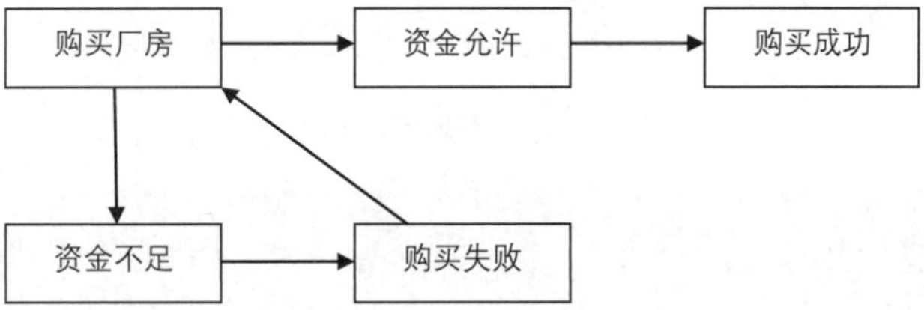

图 1-4-2-14　厂房购买流程图

厂房租用流程如图 1-4-2-15 所示。

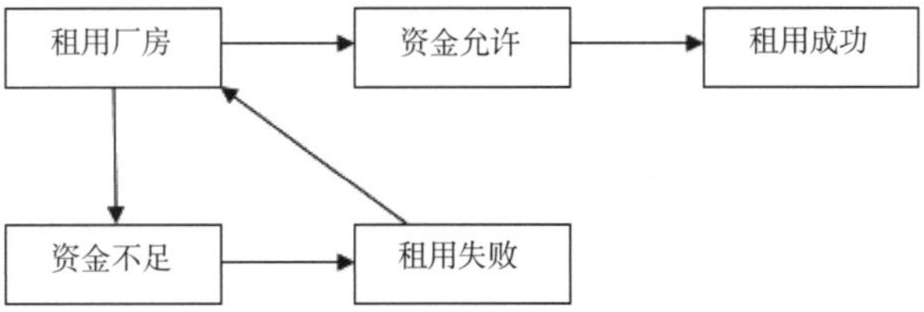

图 1-4-2-15　厂房租用流程图

厂房续租流程如图 1-4-2-16 所示。

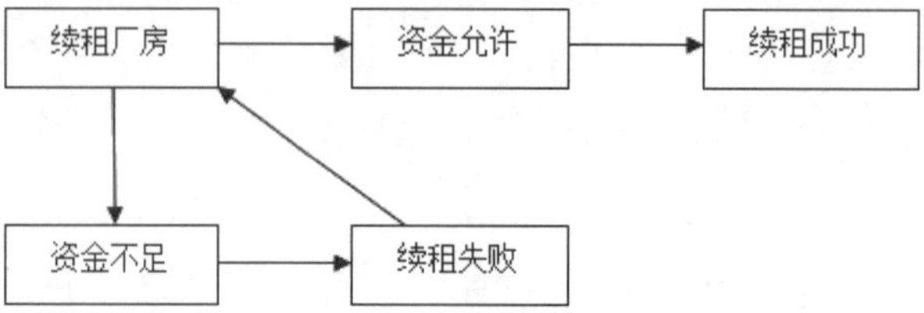

图 1-4-2-16　厂房续租流程图

8. 预算申报

预算申报是各个岗位从财务部获取资金的唯一方法(见图 1-4-2-17)。

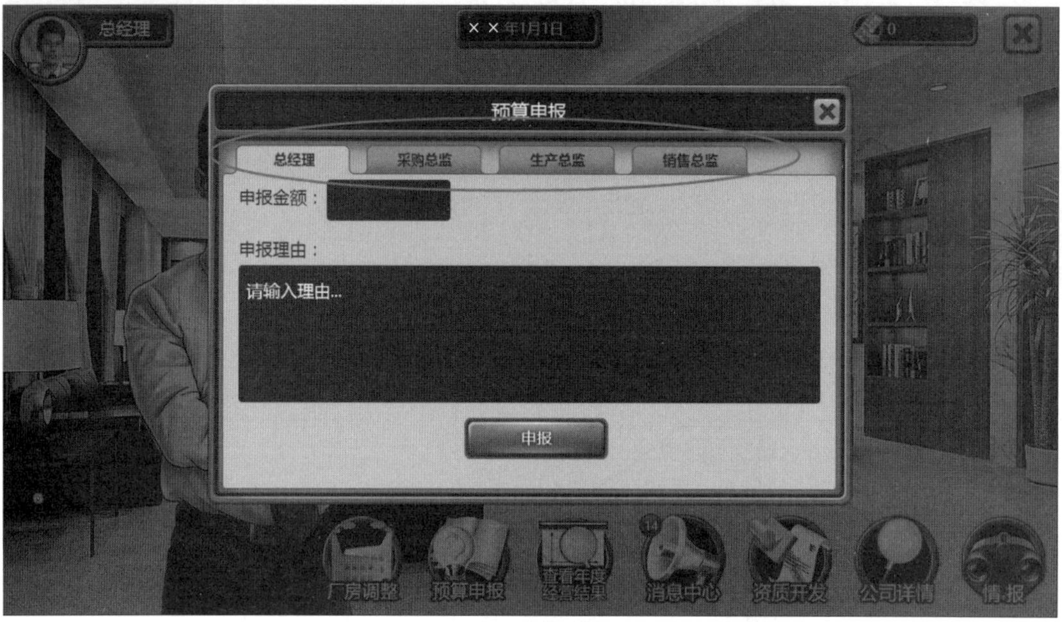

图 1-4-2-17　预算申报

需注意:在申报预算时,需选择自己的当前岗位,并且输入申报金额,进行申报操作,由财务部审批后即可获取资金。

9. 消息中心

消息中心用来查看所有岗位的资金运作情况(见图 1-4-2-18)。

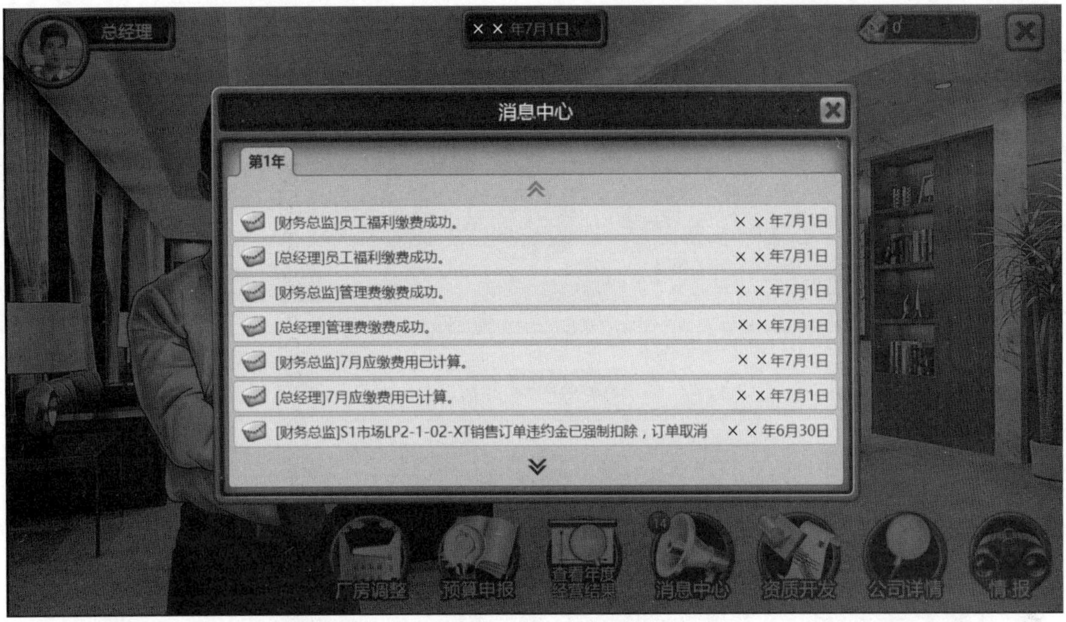

图 1-4-2-18　消息中心

10. 公司详情

公司详情可以查看公司内所有岗位的当前情况，如："资金状况""产品库存""原料库存""厂房状况""生产线状况""资质状况"等（见图 1-4-2-19）。

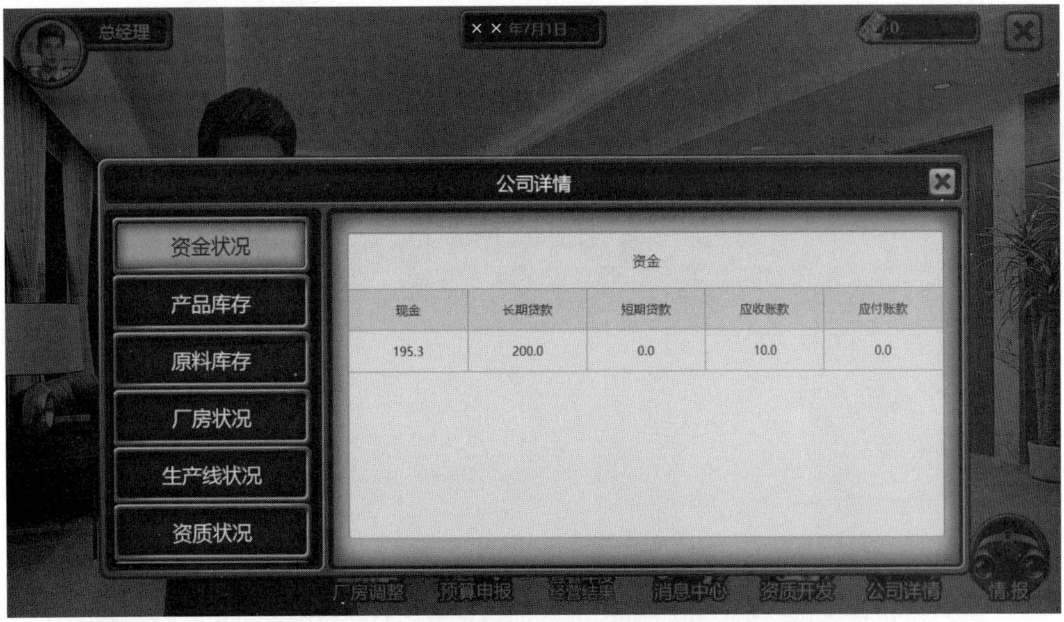

图 1-4-2-19　公司详情

11. 情报

通过查看其他组的情报活动，可以看到其他组一个月的公司情况。

12. 投放战略广告

进入战略市场大厦，投放战略广告，将按照不同份额影响到之后年份的知名度排行（见图 1-4-2-20）。

图 1-4-2-20 战略广告投放

需注意：投放战略广告，资金花费“总经理”的钱，如总经理没有现金，则无法投放。战略广告份额按照 60%、30%、10% 的比例影响第二年、第三年、第四年的知名度。

13. 查看年度经营结果

通过“总经理办公室”“财务办公室”“采购办公室”“销售办公室”→“查看年度经营结果”即可查看经营结果，当前场地所有组的利润、权益和分数以及对应的排名均会展现（见图 1-4-2-21）。

图 1-4-2-21 查看年度经营结果

（三）采购总监职能及介绍

1. 采购办公室

采购办公室显示界面：头像、时间、资金情况、可操作按钮（见图 1-4-3-1）。

图 1-4-3-1　采购办公室

2. 仓库订单

仓库订单用来查看原材料库存和原材料订单（见图 1-4-3-2）。

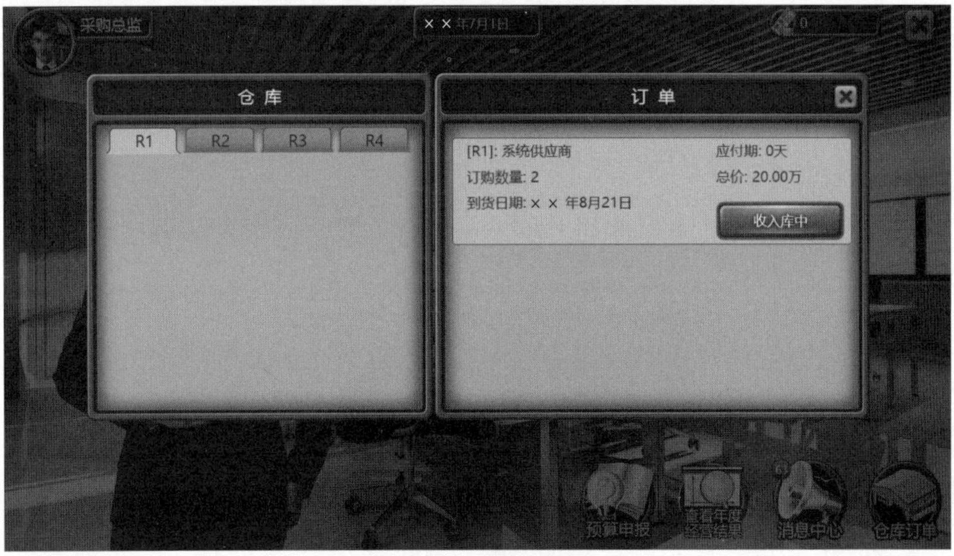

图 1-4-3-2　原材料库存及订单

采购流程如图 1-4-3-3 所示。

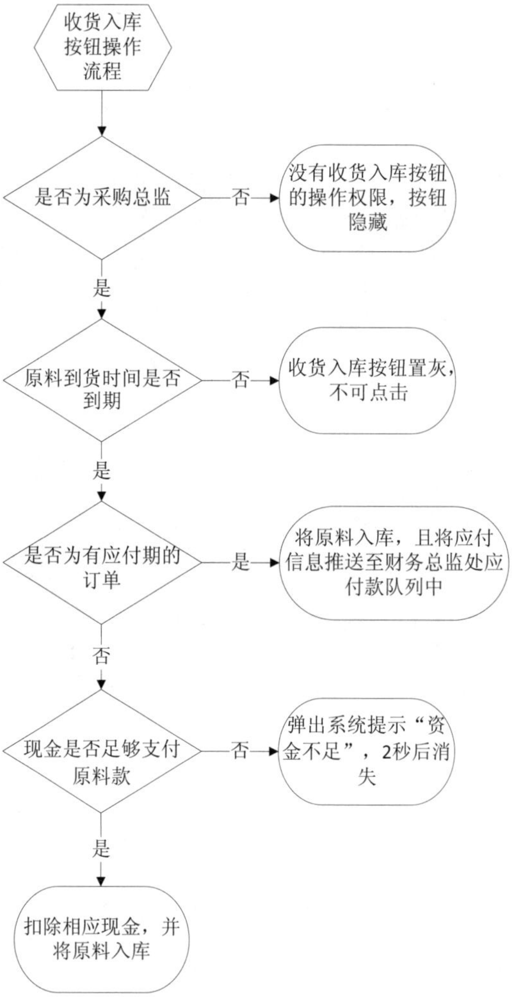

图 1-4-3-3　采购流程图

3. 订购原材料

原料订货大厦，订购原材料（见图 1-4-3-4）。

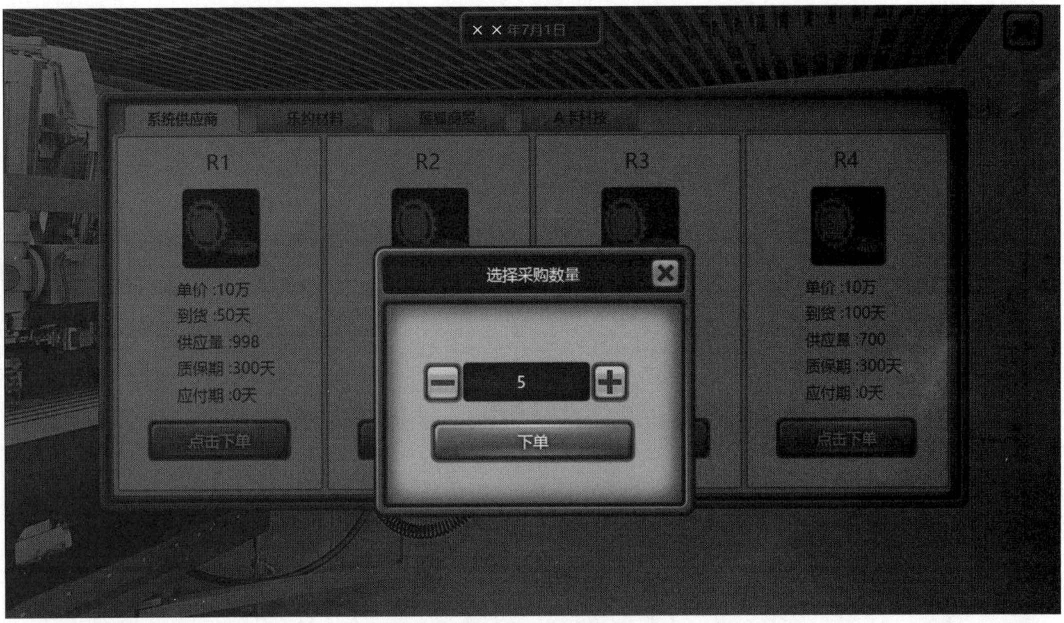

图 1-4-3-4　订购原材料

需注意。

1)供应量为当前市场所有组数供应量,按年刷新。

2)原材料有质保期,过期后由系统自动收回。

3)原材料订单在采购办公室中的“仓库订单”查看。

4. 现货交易

在采购的现货交易市场,可紧急采购原材料和出售原材料(见图 1-4-3-5)。

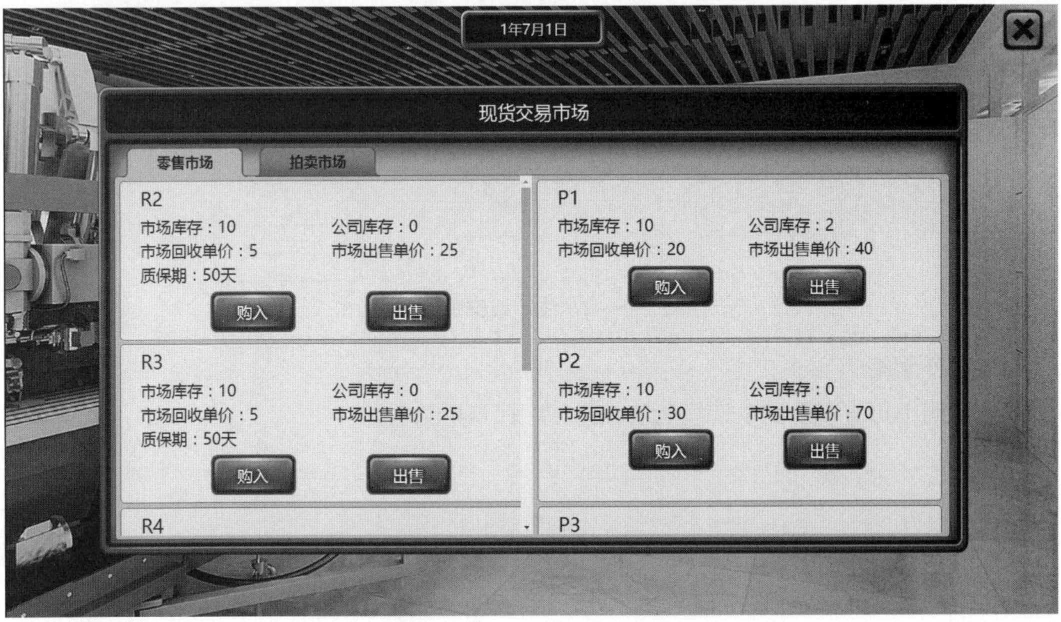

图 1-4-3-5　现货交易市场

需注意:原材料的购入和出售操作所花资金为采购总监的资金。

（四）生产总监职能及介绍

1. 生产车间

生产车间显示界面见图 1-4-4-1。

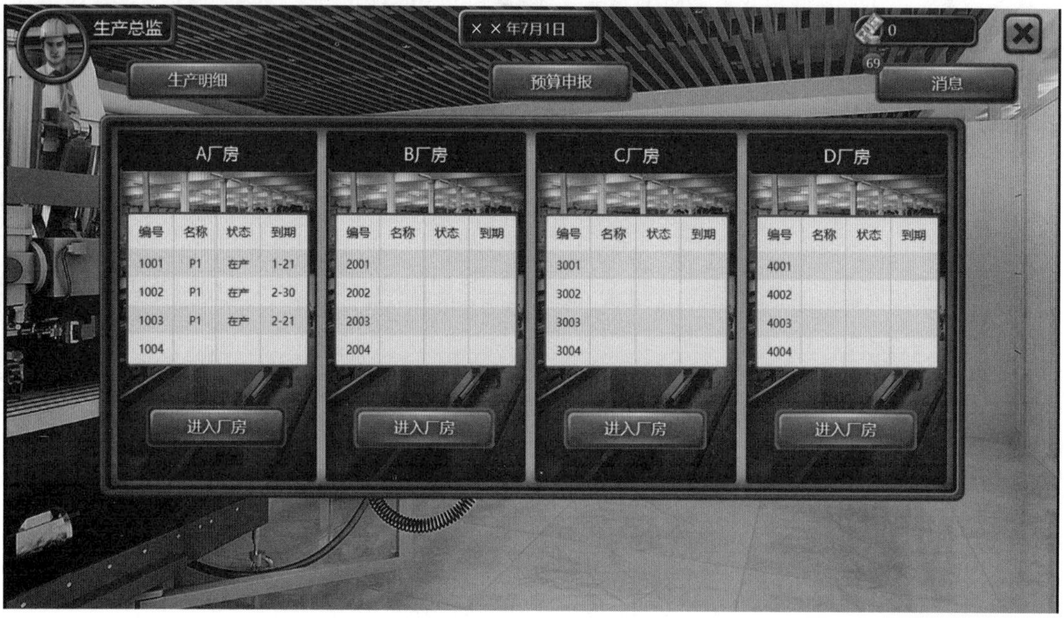

图 1-4-4-1 生产车间

生产线安装流程如图 1-4-4-2 所示。

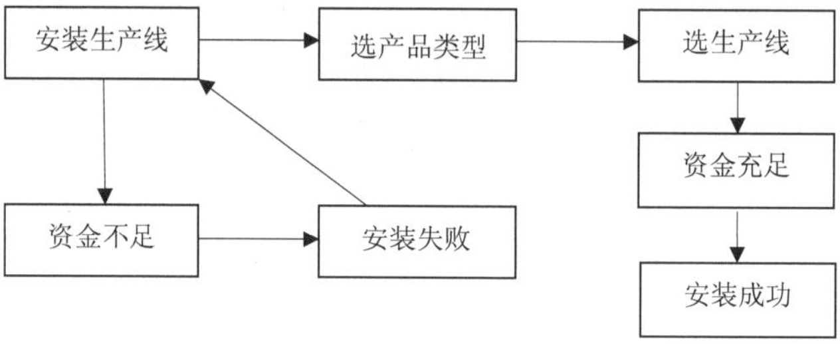

图 1-4-4-2 生产线安装流程图

2. 生产明细

生产明细可直观看到生产线所有信息（见图 1-4-4-3）。

生产线	线型	产品	状态	状态期	到期日期	在制品成本	建成日期	当前净值	当前生产速度
1001	手工线	P1	在产	2/2	1-21	20	0-9-5	45	90
1002	手工线	P1	在产	1/2	2-30	20	0-3-5	42.5	90
1003	手工线	P1	在产	1/2	2-21	20	0-11-27	35	90
1004			空闲						
2001			空闲						
2002			空闲						
2003			空闲						
2004			空闲						
3001			空闲						

图 1-4-4-3　生产线信息

3. 全线推进

当生产线在建、技改、转产、生产周期更换（即手工线 1 期和 2 期）时间到期后，可以进行“全线推进”操作，进入下一个阶段（见图 1-4-4-4）。

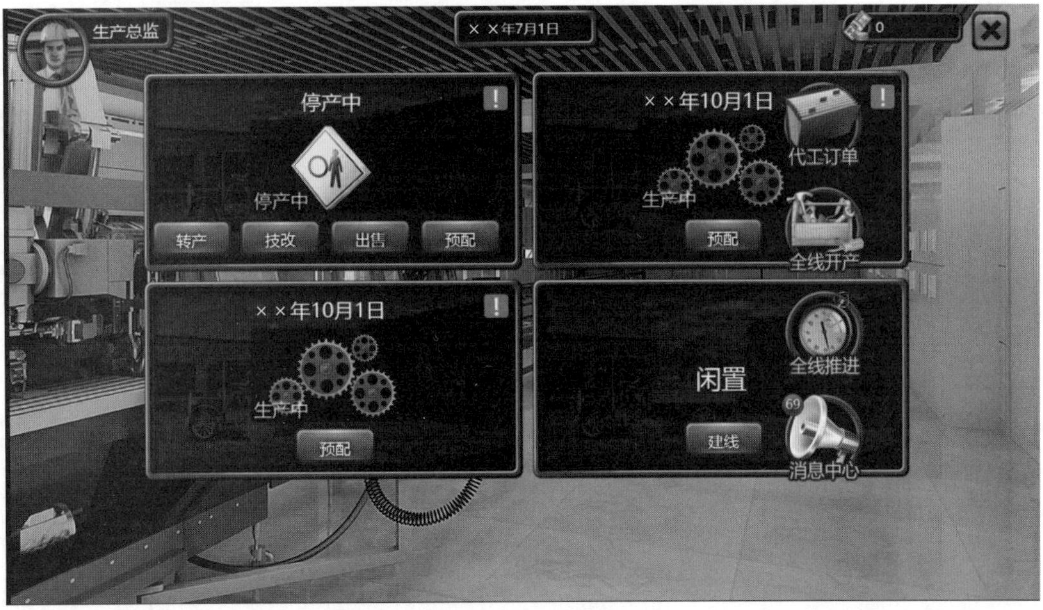

图 1-4-4-4　生产推进

4. 生产线预配

生产线预配为生产线预配原材料和工人，当开始生产后就可以进行下一次预配，不用等到产品下线（见图 1-4-4-5）。

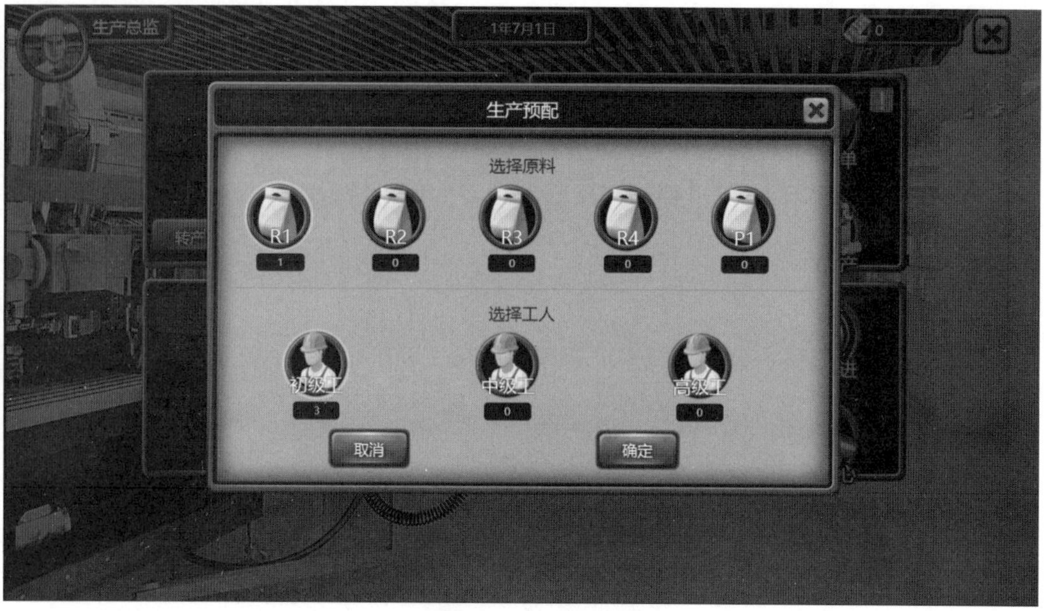

图 1-4-4-5 生产线预配

需注意：预配后跨年没有生产，原材料和工人将会在年末自动清空。

5. 生产线转产

生产线转产可进行生产线产品类型的转变（见图 1-4-4-6）。

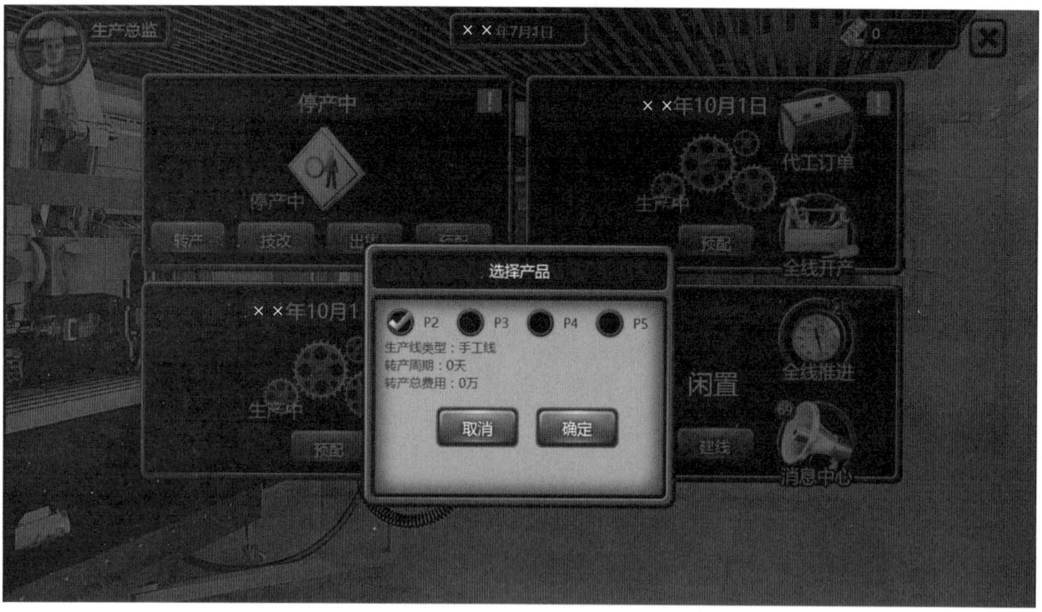

图 1-4-4-6 生产线转产

需注意：只有当生产线处于停产状态时，才可以进行“转产”操作。

6. 生产线技改

生产线技改可缩短当前生产线的生产周期（见图 1-4-4-7）。

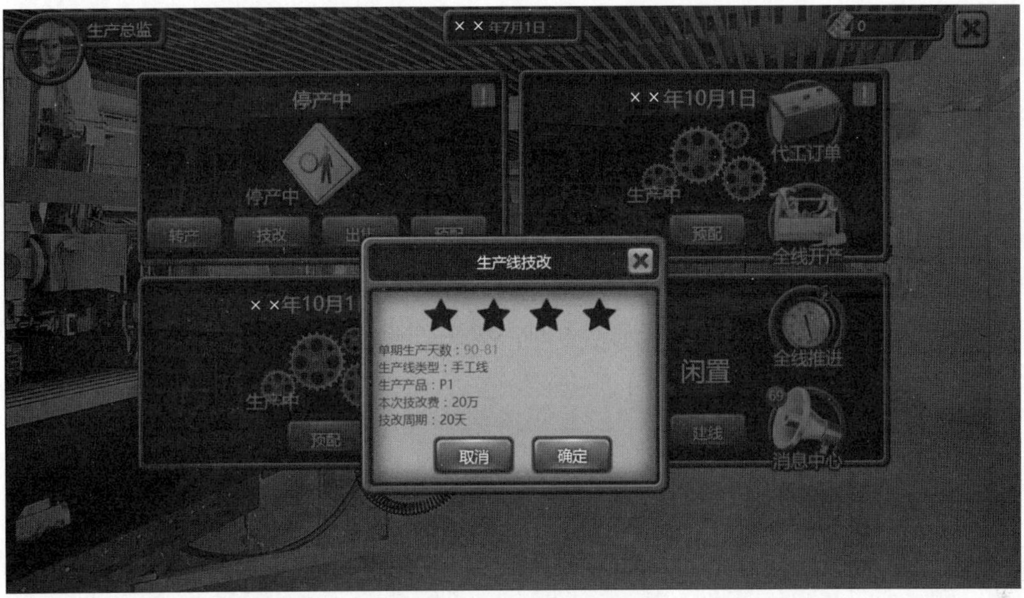

图 1-4-4-7　生产线技改

需注意。

1)技改效果是永久的。

2)只有当生产线处于停产状态时,才可以进行“技改”操作。

3)技改次数有限制,不会一直技改下去。

4)技改缩短的时间是原时间的 10%。

7. 全线开产

将停产或者待产状态的生产线进行开产操作(见图 1-4-4-8)。

图 1-4-4-8　生产线开产

需注意:开产条件为生产线必须为预配后的待产状态,同时生产总监有足够资金支付加工费。

生产线开产流程如图 1-4-4-9 所示。

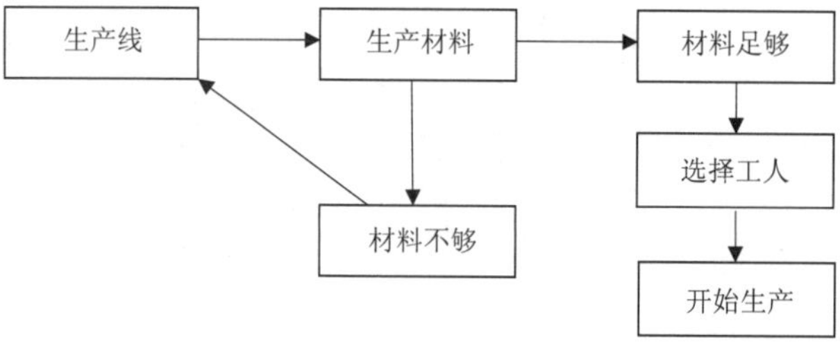

图 1-4-4-9　生产线开产流程图

8. 代工厂

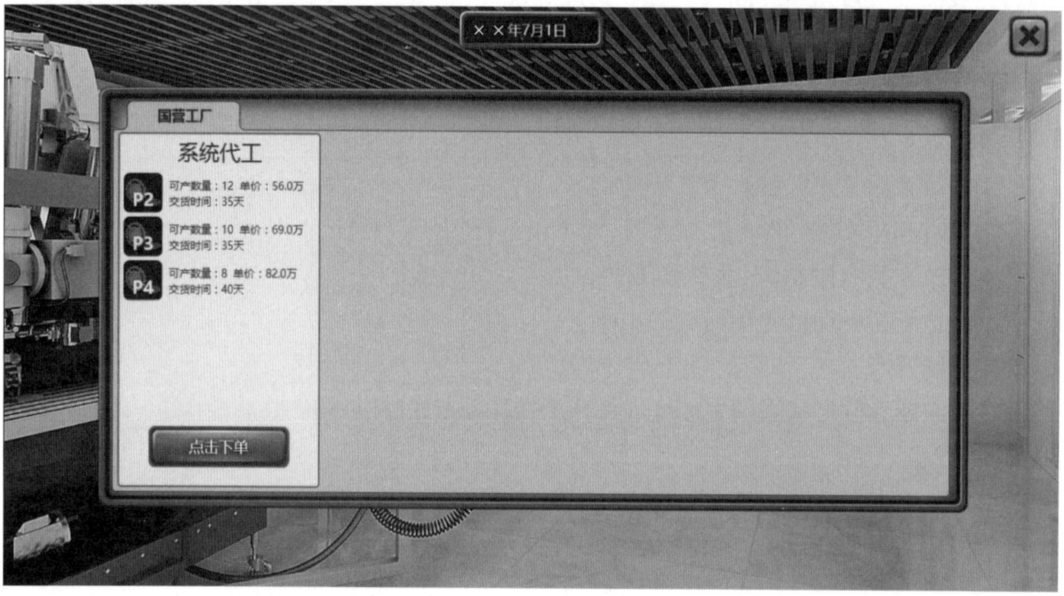

图 1-4-4-10　代工厂

需注意:

1)代工厂生产不需要原料、资质和工人,只需要在收货时交付代工费即可。

2)代工厂数量为当前市场所有组可用数量,即 1 组已代工 12 个 P2,则 2 组 P2 代工数量为 0(见图 1-4-4-11)。

3)代工厂数量每个季度 1 号(1 月 1 日、4 月 1 日、7 月 1 日、10 月 1 日)会自动刷新。

4)代加工订单在“生产车间”—“厂房”—“代工订单”查看(见图 1-4-4-12)。

5)收货扣款扣的是生产总监的资金。

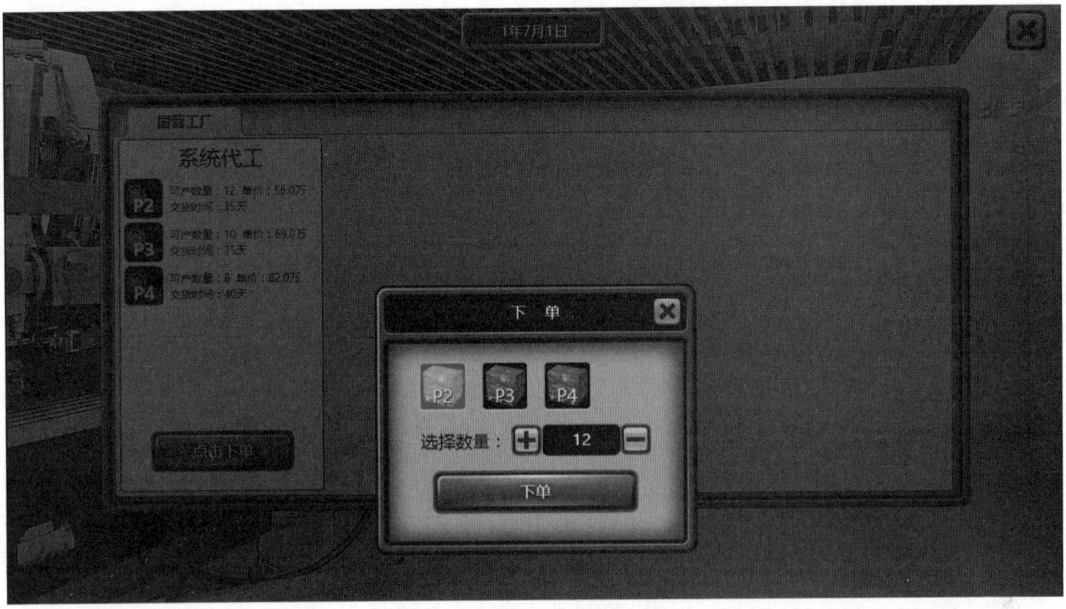

图 1-4-4-11　代工厂产品

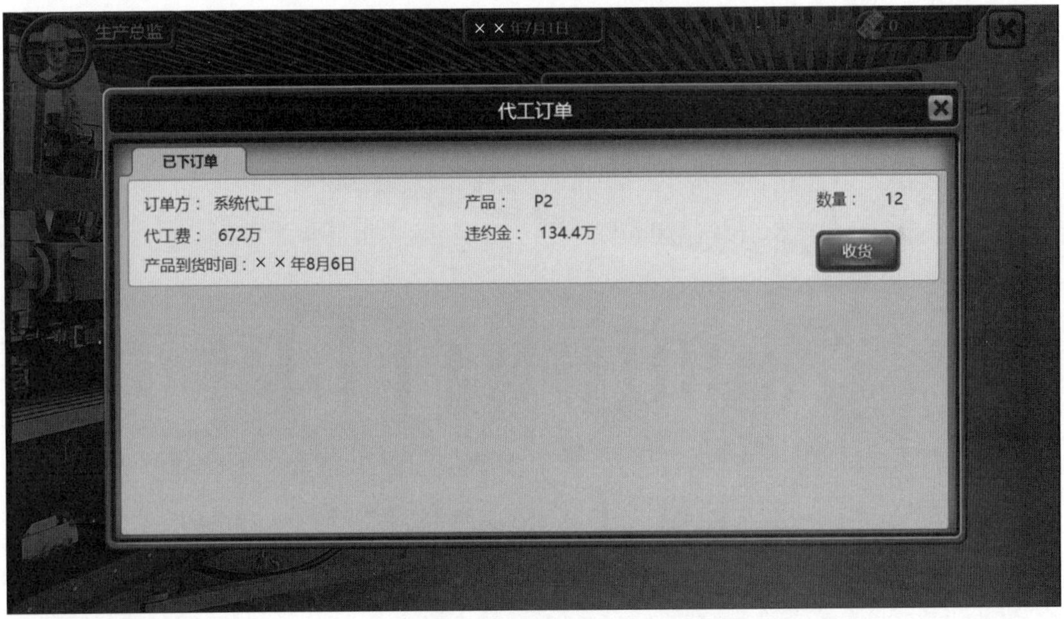

图 1-4-4-12　代工订单

9. 操作思路

通过交货的方式实现公司利润的增长，不断和其他对手交流并更新自己的规划，随机应变，抢占市场主动权，稳固自己的市场份额和丰富自己公司的固定资产。

（1）年初

1）开拓市场和 ISO，为后期能选到更好的订单做准备。

2）利用促销广告保证自己订单的优先分配权。

3）通过计算自己的产能，进而选择最优的订单。

（2）年中

1）选单结束后，努力保证优先交货。

2）总经理做好自己公司的全年规划，并将规划下发给每个岗位。财务总监进行资金的预控和把握。生产总监安排最合理的生产计划，保证可以交货。采购总监根据生产总监的生产计划进行原材料的订购，保证生产可以顺利进行。销售部随时根据产品的下线情况进行交货，并且通知财务部进行应收款的收取。

3）确保自己公司在没有错误操作的情况下争取最大的利润。

4）如果出现不合理或者计划外的事情，可以通过代工厂、现货交易市场等方式进行补错。

5）各个岗位团结一心，不断交流并更新公司情况。

（3）年末

查看经营结果，及时调整做出下一年的预算和规划。

（五）销售总监职能及介绍

1. 销售办公室

销售办公室显示界面：头像、时间、资金情况、可操作按钮（见图 1-4-5-1）。

图 1-4-5-1　销售办公室

2. 仓库订单

仓库订单是用来查看产品的库存和详细订单以及进行交货操作的（见图 1-4-5-2）。

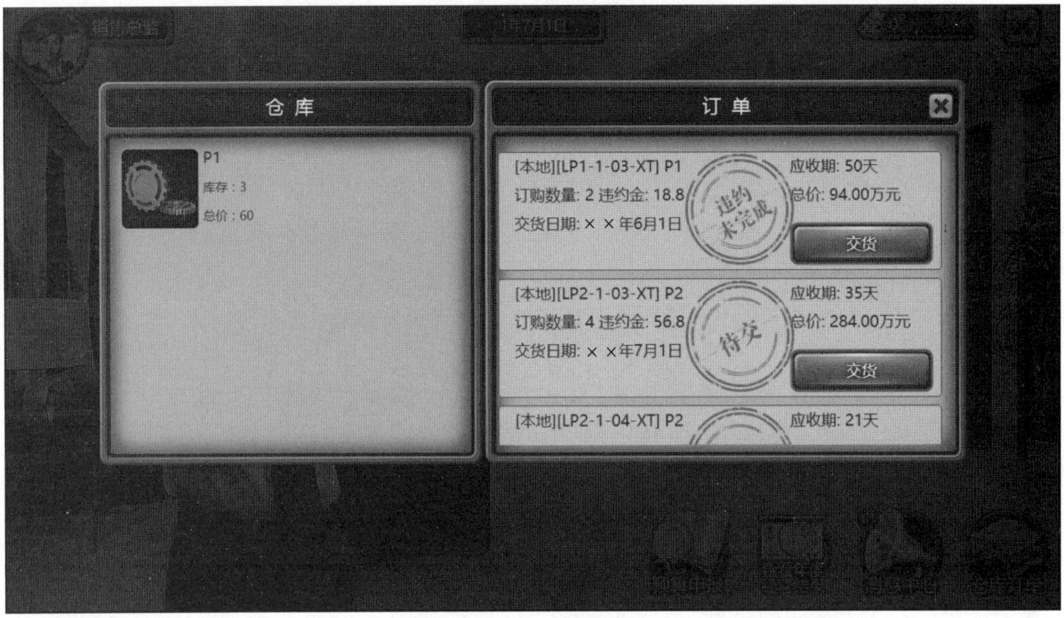

图 1-4-5-2　仓库订单

需注意：订单交货分为五种情况，分别是待交、完成、违约未完成、违约已交和违约取消。销售交货流程如图 1-4-5-3 所示。

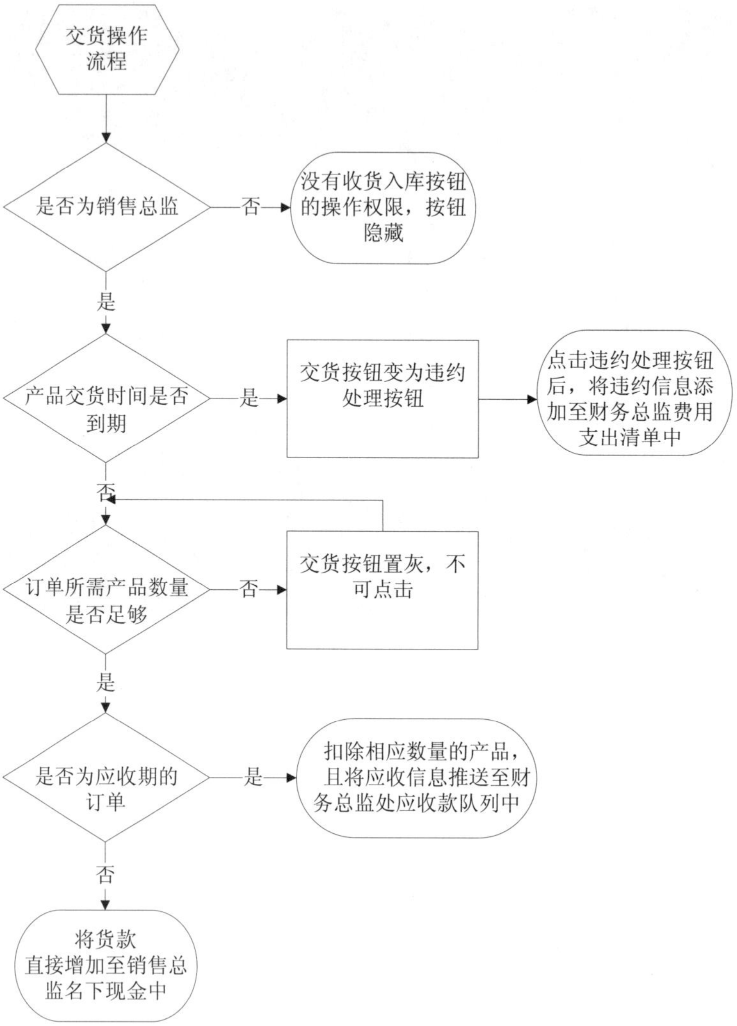

图 1-4-5-3 销售交货流程图

3. 现货交易

在销售的现货交易市场,可紧急采购成品和出售成品(见图 1-4-5-4 所示)。

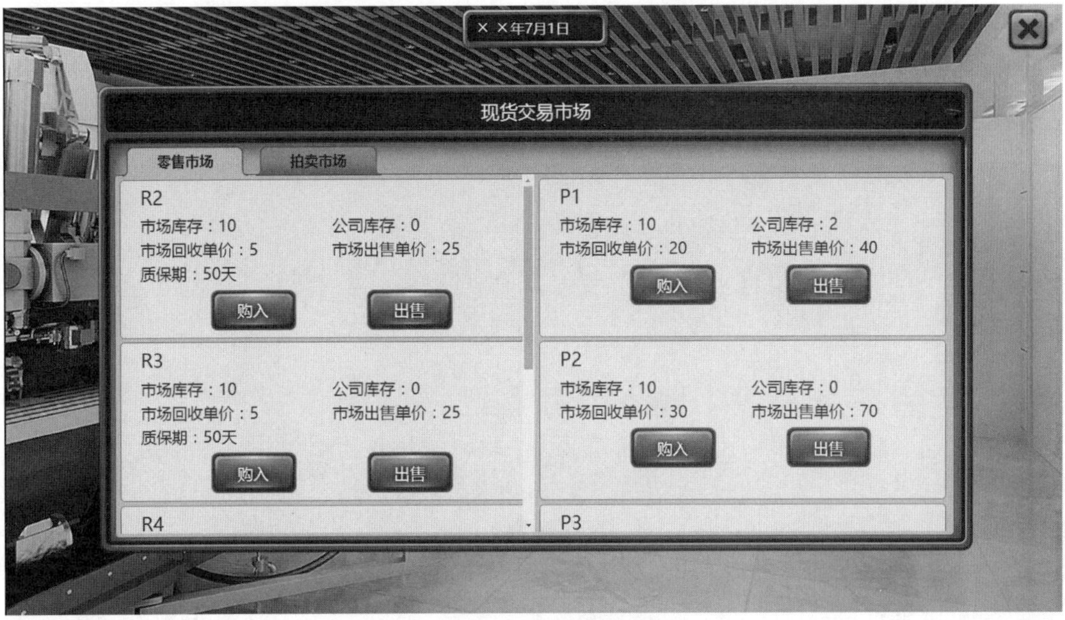

图 1-4-5-4　现货交易市场

需注意：成品的购入和出售操作所花资金为销售总监的资金。

(六)财务总监职能及介绍

1. 财务办公室

财务办公室显示界面：头像、时间、资金情况、可操作按钮(见图 1-4-6-1)。

图 1-4-6-1　财务办公室

2. 反向拨款

某个岗位资金过多时，可以进行资金的反向调拨，将其岗位资金拨回财务部（见图 1-4-6-2）。

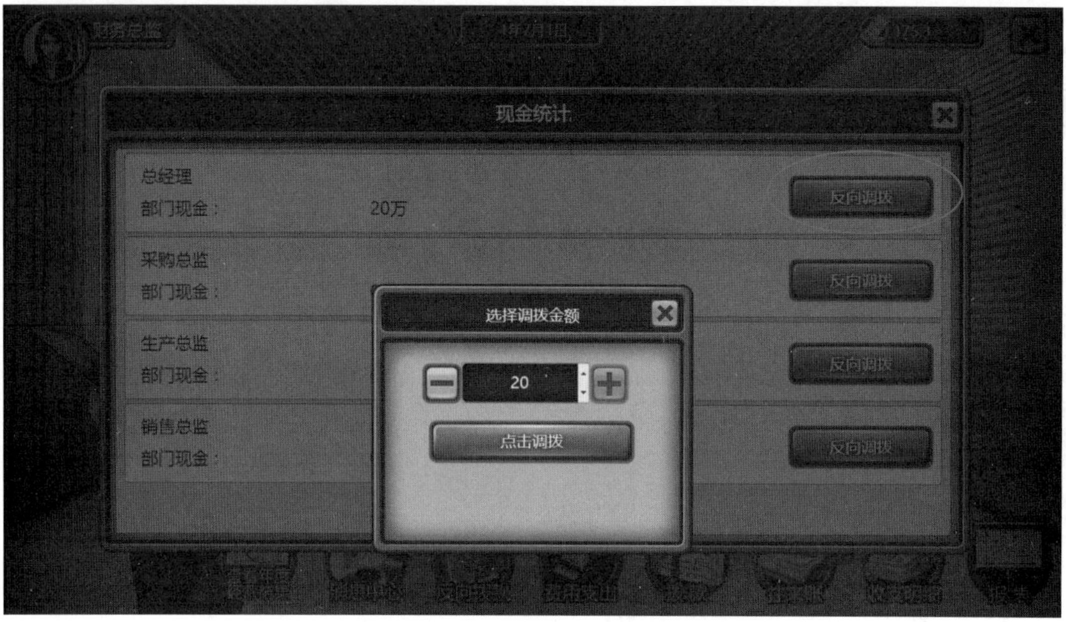

图 1-4-6-2　资金调整

资金反向调拨流程如图 1-4-6-3 所示。

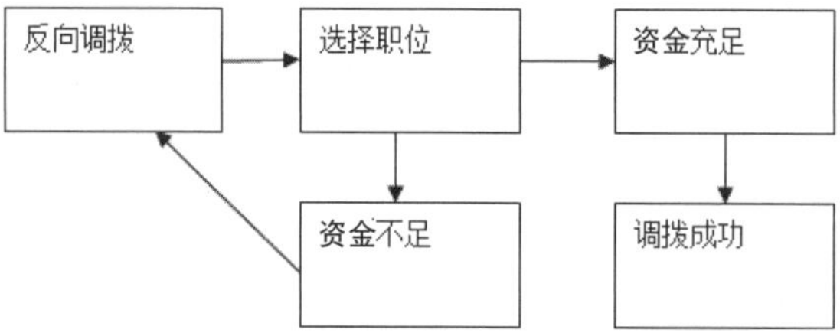

图 1-4-6-3　资金反向调拨流程图

3. 费用支出

对每个月应缴费的手动缴纳如图 1-4-6-4 所示。

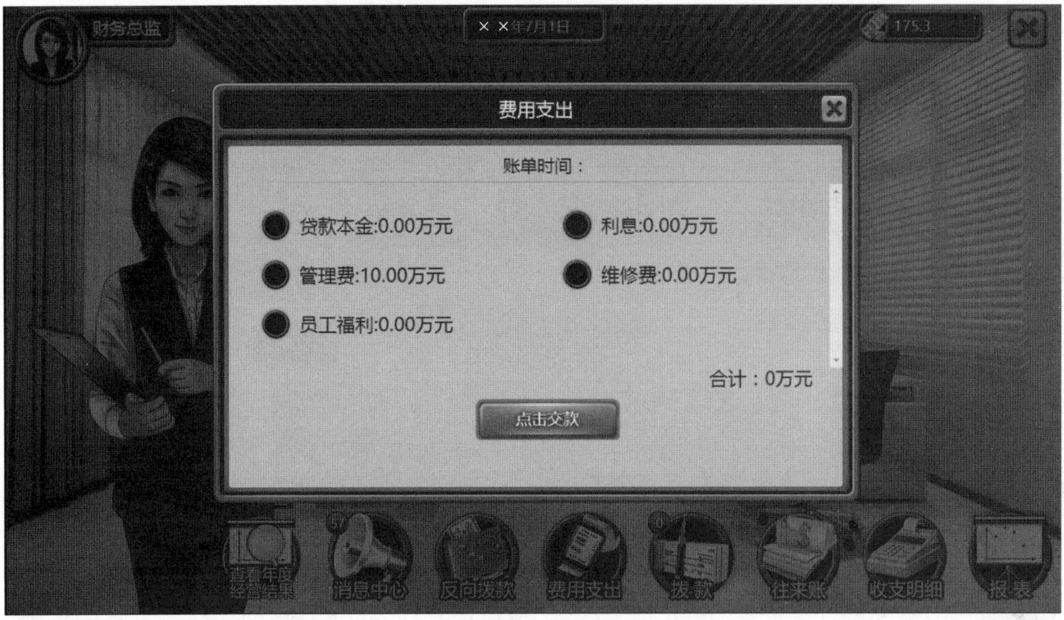

图 1-4-6-4　费用支出

需注意：各项应缴费金额由系统计算生成，费用支出可在当月 1 号到 30 号期间进行操作。

4. 拨款

当某岗位进行资金申报时，财务部可以通过拨款操作进行批准或者驳回（见图 1-4-6-5）。

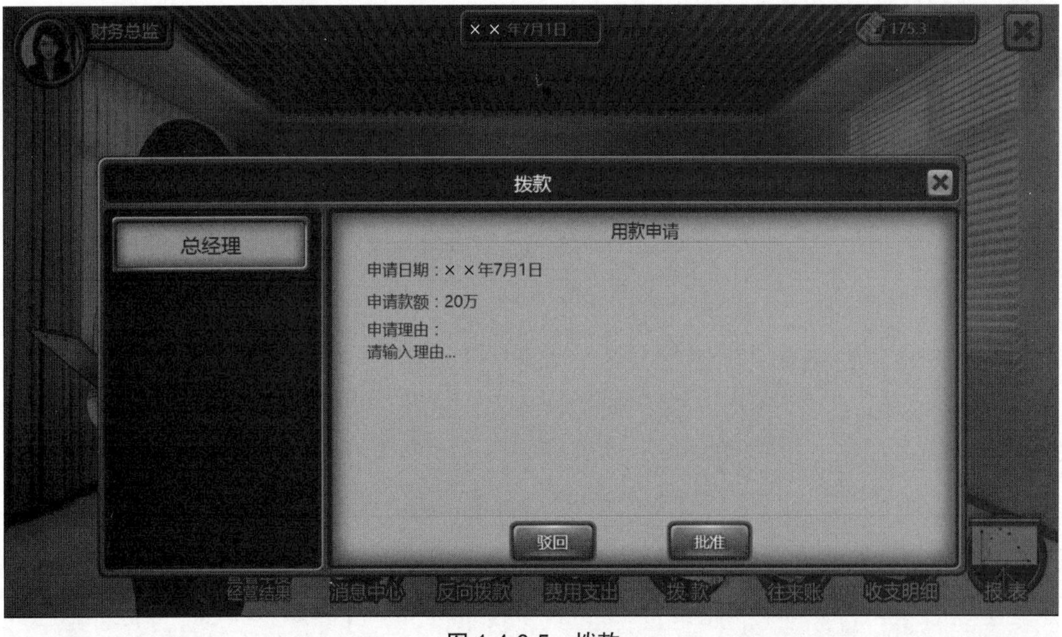

图 1-4-6-5　拨款

需注意：如某岗位的申报没有进行“批准”或者“驳回”操作时，则该岗位无法进行二次申报。

5. 往来账

往来账即应收款收款，需要进行手动收款操作，应收款贴现也在此进行操作（见图 1-4-6-6）。

图 1-4-6-6　往来账

6. 收支明细

它分为“收支明细”和“贷款明细”，可以查看所有岗位的各项资金流向和贷款的时间、金额以及利息等（见图 1-4-6-7、图 1-4-6-8）。

图 1-4-6-7　收支明细

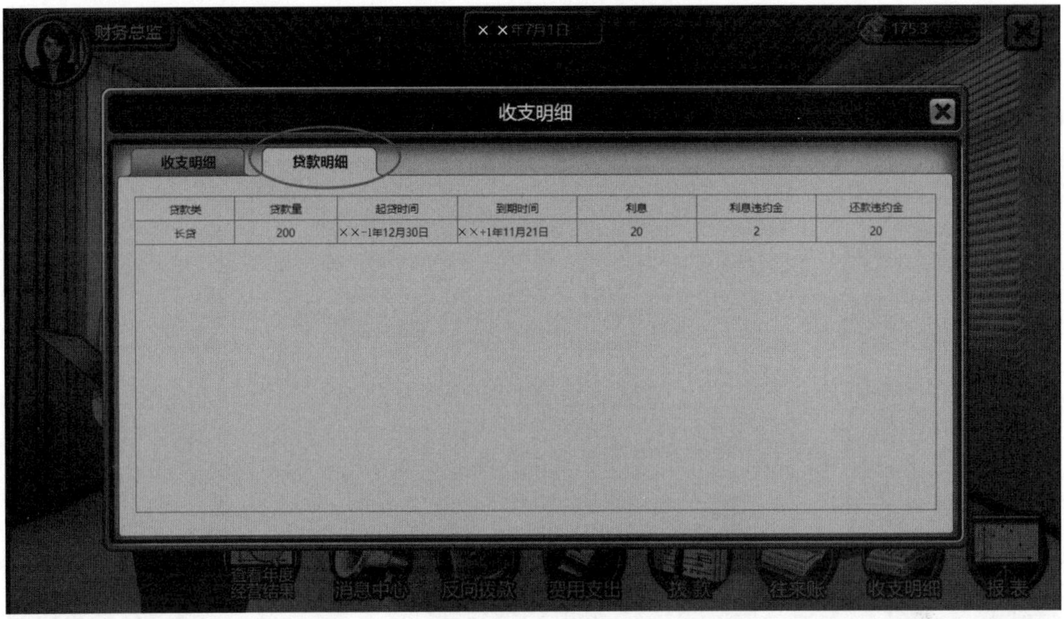

图 1-4-6-8　贷款明细

7. 银行贷款

图 1-4-6-9　贷款操作

需注意:贷款份额短贷为 10,长贷为 20,即短贷数量 1,实际贷款额为 10。右下角可以查看已贷额度和可贷额度。

8. 财务报表

通过“年末阶段”— “财务办公室”— “报表”按钮,进行报表的填写、提交和保存(见图

1-4-6-10）。

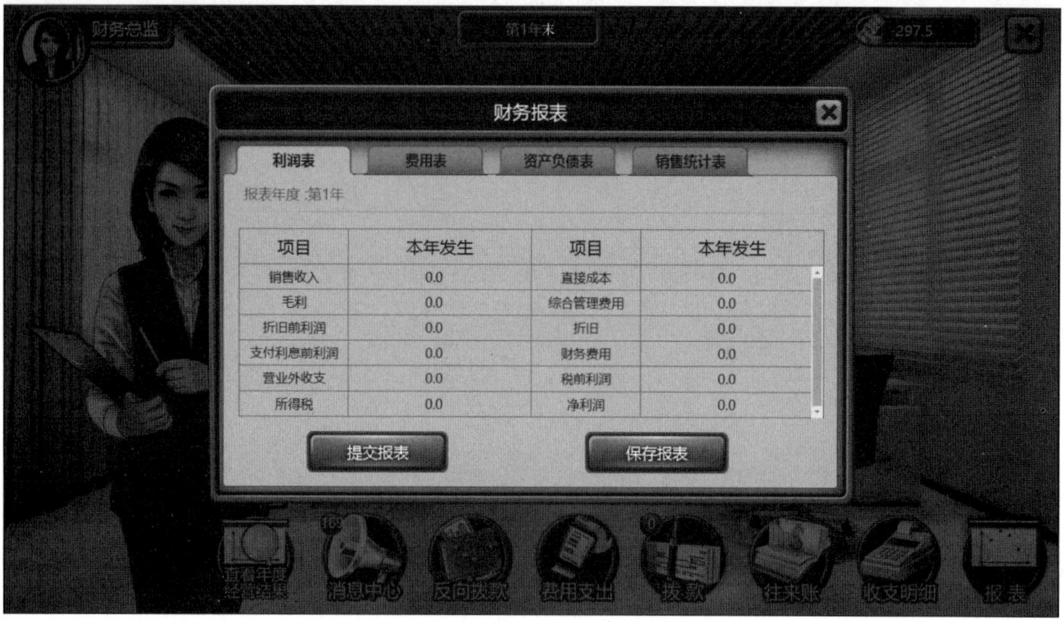

图 1-4-6-10　财务报表

五、各职位运营规则

（一）总经理运营规则

1. 总经理任务清单

表 1-5-1-1　总经理任务清单

序号	运行期	任务
1	年初	市场开发投资
2	年初	ISO 认证开发投入申请
3	年初	投放促销广告
4	年初	参加订货会，获取订单
5	年初、年中	预算经费申报
6	年中	控制推进日期
7	年中	投放战略广告
8	年中	购买 / 租用厂房
9	年中	厂房处理
10	年中	产品研发投资

续表

序号	运行期	任务
11	年末	商业情报收集
12	年中,年末	填报总经理报表,报表上报

2. 市场资质研发规则

表 1-5-1-2　市场资质研发规则

每次(年)投资额(万元)	本地市场研发投资次数	区域市场研发投资次数	国内市场研发投资次数	亚洲市场研发投资次数	国际市场研发投资次数	ISO9000研发投资次数	ISO14000研发投资次数
20	已完成	已完成	1	1	2	1	1

操作时间:年初。

1)每年年初阶段进行投资,下年年初阶段完成此次研发;每年最后一次投资完成后,下年资质才能生效。

2)ISO 认证每年每个市场只能进行一次投资。

3. 产品生产资质研发规则

表 1-5-1-3　产品生产资质研发规则

序号	产品标识	投资期	每期投资额(万元)	每期天数(天)
1	P_1	1	10	30
2	P_2	2	10	30
3	P_3	3	10	30
4	P_4	4	10	30
5	P_5	5	10	30

操作时间:年中。

1)以每期投资额投入的日期开始计时,经过“每期天数”之后,完成一期研发。

2)每期研发完成后,于上期研发到期日的第二天(如:到期日是 4 月 30 日,可以开始下一期研发投入的时间是 5 月 1 日),才能开始下期投资研发。

3)最后一次投资研发到期后,系统自动授予产品生产资质(注:最后一次研发结束日的第二天资质才能生效)。

4)只有获得产品资质后,才允许生产线开工生产。

5)产品生产资质不允许转卖。

4. 厂房使用规则

表 1-5-1-4 厂房使用规则

序号	厂房标识	生产线容量	购买价格	每年租金	出售账期	租金违约金比例	违约容忍期限	OID减值 1	OID减值 2
1	A	4	300	66	100	0.1	30	0.1	0.1
2	B	4	300	66	100	0.1	30	0.1	0.1
3	C	4	300	66	100	0.1	30	0.1	0.1
4	D	4	300	66	100	0.1	30	0.1	0.1

操作时间:年中。

1)厂房购买:

在总经理办公室可进行厂房购买操作。

2)厂房租用及退租:

①厂房租用以一年为期(租用开始日期,至下一年到期日前),每年需支付租金。

②租金到期前 30 天可进行续租支付,且到期日(含当天)前必须支付下一年租金,否则违约;租金违约容忍期内,支付租金的,需支付租金及违约金,并扣减所有市场 OID 值(OID 减值 1);过了容忍期仍未支付租金的,系统将强制扣除租金及违约金,并扣减所有市场 OID 值(OID 减值 1 及减值 2)。

③厂房退租,可通过出售厂房中全部生产线,并点击“厂房退租”。

3)厂房租转买:

租用厂房后,可以随时进行租转买操作,扣除购买费用,租金不予退还。

4)厂房买转租:

①购买的厂房改为租用,需先支付一年租金,成功后,再出售厂房。

②出售厂房后的回款以购买时的价格计入“应收款”,账期为“出售账期”。

5. 广告和企业知名度规则

表 1-5-1-5 广告和企业知名度规则

广告类型	投放时间	市场	广告效应延迟时间	广告基数	第一年有效权重	第二年有效权重	第三年有效权重
促销	年初订货会前	分市场	当年有效	该市场的促销广告总和	1	0	0
战略	年中	分市场	三年	投入该市场有效战略广告总和	0.6	0.3	0.1

1)广告分为促销广告和战略广告两类。

① 促销广告只能在年初订单申请前进行投放,直接用于本年度企业知名度排名,年中

运行开始后，促销广告不再影响企业知名度排名。

② 战略广告在年中可随时投放，但是只在每季度末进行计算，下季度 1 号显示上季度最终知名度排名。即：年初显示当前排名；第一季度显示年初排名；第二季度显示第一季度排名；战略广告对知名度有延续三年的影响，即投放的广告参与各年（三年）知名度计算。

2）两类广告均为分市场投放，用于本市场提升企业知名度排名。

3）企业在某个市场中的知名度与该市场的广告和经营诚信度有关，具体计算公式为：

某市场企业知名度的量化计算值＝该市场当前 OID 值 ×（该市场当年战略广告 × 第一年有效权重＋上年战略广告 × 第二年有效权重＋前年战略广告 × 第三年有效权重）+该市场当前的促销广告。

6. 控制推进日期的操作规则

操作时间：年中。

日期只能向后推进，无法向前推进。例如当前时间为 3 月 1 日，可将日期推进到 3 月 15 日，但无法将日期从 3 月 15 日推回到 3 月 1 日。

7. 总经理报表

总经理应在每年的经营中，按照下列项目填报“总经理统计报表”。填报时，只需填报金额栏，并按照各项的“【金额】项填报说明”，汇总填报当年发生的金额数据。

下表中的“更新【目标表】表项说明”所填报的项目金额将更新公司经营报表中的表格内容。

表 1-5-1-6　总经理统计报表

项目	【金额】项填报说明	更新【目标表】的表项说明
广告费	当年战略和促销广告投放总额	【费用表】广告费（第 2 项）
租金	当年支付的厂房租金	【费用表】租金（第 5 项）
市场准入投资	当年市场资质投资总额	【费用表】市场准入投资（第 6 项）
产品研发	当年产品研发资质投资总额	【费用表】产品研发（第 7 项）
ISO 资格投资	当年 ISO 资格投资总额	【费用表】ISO 资格投资（第 8 项）
信息费	当年购买商业情报的总费用	【费用表】信息费（第 9 项）
厂房价值	当前已购买的厂房总价值	【资产负债表】土地建筑（第 7 项）

注：统计报表可以在年中或年末的任何时间进行填报，每次填报后点击“暂存”保存数据，或点击“提交”以更新经营报表。

(二)采购总监运营规则

1. 采购总监任务清单

表 1-5-2-1 采购总监任务清单

序号	运行期	任务
1	年初	参加订货会,获取订单
2	年初、年中	预算经费申报
3	年中	原料市场预定原料
4	年中	原料仓库收货和付款
5	年中	现货交易市场出售原料
6	年中	现货交易市场购买原料
7	年中、年末	填制原料统计表

2. 原材料采购规则

表 1-5-2-2 原材料供货规则实例

序号	供应商标识	原料标识	单价	当前数量	质保期(天)	交货期(天)	违约金比例	违约容忍期(天)	OID1	OID2	处理提前期(天)
1	系统供应商	R_1	10	2000	100	20	0.2	20	0.1	0.1	30
2	系统供应商	R_2	10	2000	100	20	0.2	20	0.1	0.1	30
3	系统供应商	R_3	12	2000	100	20	0.2	20	0.1	0.1	30
4	系统供应商	R_4	12	2000	100	20	0.2	20	0.1	0.1	30

(1)原料采购市场

原料市场中,公司可向系统购买原材料。

市场原材料的数量每季各不相同,以系统当年各季度数据为准。

(2)原料预订及收货

原料供货需提前预订,预订不需要预付费用;原料自订单下达之日起,根据表 1-5-2-2 中的交货期确定收货日期。

在收货日期当天可以进行“收货”操作。

若当天未完成“收货”操作,第二日起进入收货违约容忍期(见表 1-5-2-2),在容忍期内仍可以进行“收货”操作,但需缴纳违约金(与货款一同缴纳),同时扣减所有市场的 OID1 减值 1。

若超过违约容忍期仍未完成收货，系统将强制取消订单，同时从财务账户强制扣除违约金，同时扣减所有市场的 OID1 减值和 OID2 减值；

原料订单取消，则被取消的原料，当天补充返回现货交易市场的原料订单，且该材料当年的出售单价改为“原料订货大厦”原料价格的两倍，可继续被订货，年末刷新。

点击“收货”按钮时，系统将从采购总监账户划转资金，支付原料采购费用，同时收货。若采购总监账户资金不足，则“收货”操作失败。

（3）原料出售与失效

原料的质保期（见表 1-5-2-2）从到货日开始计算，在失效日期（含当天）内，原料可以上线生产；原料距离失效天数在处理提前期（见表 1-5-2-2）以上的，可以进行销售。

原料“失效日期”过后的第一天，系统强制清除失效原料。

为避免原料采购中恶意占用资源的行为发生，在每次下原料订单时，当订购原料价值超过企业总价时，无法订购原料。

当 [现金总量 + 当前应收 + 当前贷款剩余额度 +（在产品价值 + 产成品）× 3]<（本次订购原料价值 + 未收货原料价值）时，无法进行原料订货。

具体判断方法为：

1）先判断现金，若现金总量 >（本次订购原料价值 + 未收货原料价值）时，则不受限制；若现金总量 <（本次订购原料价值 + 未收货原料价值）时，再接着判断。

2）再判断（现金总量 + 当前应收），若大于（本次订购原料价值 + 未收货原料价值）时，则不受限制；否则，则继续判断。

3）再判断（现金总量 + 当前应收 + 当前贷款剩余额度），若大于（本次订购原料价值 + 未收货原料价值）时，则不受限制；否则，则继续判断。

4）再判断 [现金总量 + 当前应收 + 当前贷款剩余额度 +（在产品价值 + 库存价值）× 3]，若大于等于（本次订购原料价值 + 未收货原料价值）时，则不受限制；否则，则提示资金风险，无法订购。

3. 现货交易规则

表 1-5-2-3　现货市场订单实例

序号	商品标识	当前可售数量	市场出售单价（万元）	市场收购单价（万元）	出售质保期（天）	交货期（天）	年份
1	R_1	20	20	5	50	0	1
2	R_2	20	20	5	50	0	1
3	R_3	20	24	6	50	0	1
4	R_4	20	24	6	50	0	1

（1）现货交易

①现货市场的交易均为现金现货交易，购买时，按照市场出售价（见表 1-5-2-3）从采购总监现金账户中划转资金；若资金账户不足，则终止交易。

②出售时,公司出售给现货市场的原料距离失效的天数在处理提前期(见表 1-5-2-2)之前的,按照市场收购单价(见表 1-5-2-3)进行计算。系统自动按照先进先出的原则和处理提前期的原则,提取公司原料库存,如原料库存不足,则交易失败。

(2)现货交易市场的原料数量及价格

现货市场的订单各年均以表 1-5-2-3 列出的数量为基准,有公司购买成功,则减少相应数量;有公司销售成功,则增加相应数量。

4. 采购总监报表

表 1-5-2-4　原料统计表

原料	库存原料数量（件数）	库存原料价值（万元）	零售(含拍卖)收入（万元）	零售(含拍卖)成本（万元）	失效和违约价值(万元)
R_1					
R_2					
R_3					
R_4					

注意:表 1-5-2-4 中的所有数据均按正数填入。

表中各数据项将用于合成三表,其中合成方式如下:

①表中各原料的库存原料价值合计后,记为资产负债表的“原材料”项的期末数;

②表中各原料(零售收入－零售成本)合计后,记为利润表“营业外收支”项的金额;

③表中各原料的失效和违约价值合计后,以负数并入利润表的“营业外收支”项的金额。

填报表时的数据来自各个原料本年的以下数据。

①库存原料数量:当前的库存数量(在当前库存中查询)。

②库存原料价值:当前库存价值的总金额(在当前库存中查询)。

③零售(含拍卖)收入:本年在现货市场和拍卖市场卖出原料的总收入(需要在零售时记录)。

④零售(含拍卖)成本:本年在现货市场和拍卖市场卖出原料时出库的总成本(需要在零售时记录)。

⑤失效和违约价值:当年被强制清除的过期原料价值(需要查询相关消息统计),以及收货违约产生的违约金和订单取消产生的收货违约金(查询当年的采购订单获得)。

（三）生产总监运营规则

1. 生产总监任务清单

表 1-5-3-1　生产总监任务清单

序号	运行期	任务
1	年初	参加订货会
2	年初、年中	预算经费申报
3	年中	新建生产线
4	年中	转产 / 技改生产线
5	年中	出售生产线
6	年中	全线推进（厂房内的所有生产线的状态推进）
7	年中	全线开产（厂房内的所有生产线上线开产）
8	年中、年末	填制生产报表

2. 生产线规则

表 1-5-3-2　生产线参数

序号	生产线标识	每期安装投资	安装期数	每期安装天数	生产期数	每期生产天数	技改期数	每期技改天数	每期技改费用	技改提升比例	技改次数上限
1	手工线	50	0	0	2	60	1	30	40	0.20	2
2	自动线	50	3	30	1	90	1	10	20	0.20	1
3	柔性线	50	4	30	1	60	1	10	20	0.20	1

续表

序号	转产期数	每期转产天数	每期转产费用	操作工总数	初级以上人数	中级以上人数	高级以上人数	折旧年限	提取折旧天数	维修费	残值
1	0	0	0	3	3			6	360	5	5
2	1	10	30	2		1		6	360	15	15
3	0	0	0	2			1	6	360	20	20

表 1-5-3-3　计件工资参数

工资类 / 工种	初级工	中级工	高级工
计件工资	4	5	6

表 1-5-3-4　工人数量

数量 / 工种	初级工	中级工	高级工
数量	50	50	30

（1）生产线安装

1）生产线需经过“安装期数”（见表1-5-3-2）才可完全建成，每期需要投入“每期安装天数”时间，投入“每期安装投资”资金。

生产线建成总价＝安装期数 × 每期安装投资。

生产线建成时间＝安装期数 × 每期安装天数。

2）生产线安装完一期，到期当天或之后，需通过“全线推进”结束本期，开启下期。当生产线仍有下一安装期时，安装投资将从生产总监资金账户中划拨，如金额不足，则推进失败。

（2）生产线生产

1）生产线生产有先决条件：

①需拥有该产品生产资质；

②需要有充足的原材料；

③公司内有足够的操作工人；

④生产总监账户中资金需足够支付工人工资。

2）满足产品生产条件后，点击“全线开产”，开启生产周期。

产品生产时间＝生产期数 × 每期生产天数。

3）当产品生产完成，到期当天或之后，需点击“全线推进”，进入下一个生产期，或完成生产，否则产品将一直处于“加工中”状态。

4）操作工：每类生产线需要相应的操作工人完成，其中有两个重要参数（见表1-5-3-2）。

①操作工总数：每类生产线必须的操作工人数。

②操作工级别：每类生产线要求的最低级别操作工人总数。

③要求的最低级别人数不够时，可以由高于本级别的工人代替，但相应的计件工资会提高（不同级别的工人计件工资参数见表1-5-3-3）。

（3）生产线技改及转产

1）技改：对安装完成的生产线，通过技术改造减少每期生产天数，一次技改减少生产天数 ＝ 当前每期生产天数 × 技改提升比例。即一次技改后的生产周期变为：原生产周期 ×（1- 技改效率），取整方式为四舍五入。例如原生产周期为66天，技改提升效率0.25，技改一次后的生产周期为66 ×（1-0.25）=49.5天，之后进行四舍五入，结果为50天。

2）转产：如生产线变换生产品种时需进行生产线转产，转产条件如下。

①只能在停产状态时启动转产操作。

②生产总监的资金账户必须有足够支付转产费用的资金。

（4）生产线相关费用计算

1）折旧：生产线建成后360天内不计提折旧，之后每年提取一次折旧，提取的时间是建成后第361天计提第一次折旧，第721天计提第二次折旧，依次类推，直到建成后的第七年，提取最后一次折旧后，不再进行折旧操作。提取的折旧额＝（生产线总价值 - 生产线残值）÷ 折旧年限。

2）维修费：建成的生产线按年缴纳维修费，以建成当天开始计算，每年的这一天就是支付维修费的截止日。

3）生产线残值与出售。

①当生产线净值≥生产线残值时，需要计提折旧。

②出售生产线的价格：当出售生产线时，只能按照生产线残值出售。

3. 产品物料清单

表 1-5-3-5　产品物料清单

序号	产品标识	R_1（件数）	R_2（件数）	R_3（件数）	R_4（件数）	P_1（件数）	P_2（件数）	P_3（件数）	P_4（件数）
1	P_1	1							
2	P_2	1	1						
3	P_3		1	2					
4	P_4	2			2				
5	P_5	1	1	3	1				

产品物料清单是一个产品构成的所用原料或产品的件数，也可称为产品的生产配方。组织生产时，需要按照此配方准备原材料。

4. 生产预配操作规则

生产预配分为手动预配和自动预配两种。

（1）手动预配

1）将上线生产的原材料从库房配送到指定的生产线。原材料按照先进先出的原则出库到生产线，出库后原料库存减少。

2）将操作工人指派到指定的生产线。

3）生产预配可以在年初以及年中的任意时间进行操作，生产线在停产、生产、技改、转产时均可以进行生产预配。

（2）自动预配

点击"全线开产"按钮，自动预配，并开始生产。

1）生产线原则：按编号顺序依次进行预配。

2）材料原则：先进先出。

3）工人原则：满足生产要求的情况下优先安排低级。

5. 生产总监操作规则

生产总监通过对各厂房进行"全线开产"和"全线推进"两个操作，对厂房中的生产线进行开产和推进操作。

1）全线开产对厂房内所有生产线进行生产操作。

2）全线推进是对厂房内所有生产线进程的推进操作，完成操作或开启下一期。

①投资建线中的"投资期"完成并推进到下一投资期开始（包括最后一期推进完成建线）。

②生产操作的“加工期”完成并推进到下一期开始(包括最后一期加工到期后,只有推进才能让产品完工下线)。

③转产操作的“转产期”完成并推进到下一转产期开始(包括最后一期转产到期后,只有推进才能结束转产)。

④技改过程的“技改期”完成并推进到下一技改期开始(包括最后一期技改到期后,只有推进才能结束技改)。

3)生产线的“冻结”和“解冻”。

为了主动不让生产线进行全线开产和全线推进操作时,选择“冻结”或“解冻”即让生产线参加全线开产和全线推进的操作。

6. 生产总监报表

表 1-5-3-6 在制品统计报表

项目 / 在制品	P_1	P_2	P_3	P_4	P_5
数量					
价值					

注:产品“在制品价值”合计后并入资产负债表的“在制品”项目的期末数。

表 1-5-3-7 生产设备统计报表

项目 / 生产线	手工	自动	柔性
总投资			
累计折旧			
在建已投资额			

注:各生产线的(总投资合计 - 累计折旧合计 = 生产线净值)并入资产负债表的“机器与设备”项的期末数。
各生产线的在建已投资额合计数并入资产负债表的“在建工程”项的期末数。

填报时的数据采自生产线本年状态数据。

①在制品数量:当前所有生产线正在生产的产品数量(在当前生产线详细资料中查询)。

②在制品价值:当前所有生产线上的在制品总价值,包括原料成本和计件工资(数据来源于当前生产线详情)。

③生产线总投资:当前生产线的总价值,即生产线原值总和。

④生产线累计折旧:当前生产线的累计折旧合计。

⑤生产线在建已投资额:当前在建的生产线已经投入的资金总和,即不管何时开始投建的生产线,只要是当前的状态是在建,则记为“在建已投入资金”。

（四）销售总监运营规则

1. 销售总监任务清单

表 1-5-4-1　销售总监任务清单

序号	运行期	任务
1	年初	参加订货会，获取订单
2	年初、年中	预算经费申报
3	年中	产品交货
4	年中	现货交易市场出售产品
5	年中	现货交易市场购买产品
6	年中	临时交易市场获取订单
7	年中、年末	填制库存和产品统计表

2. 订单相关规则

1）订货会是每年年初企业在订货会分市场集中获取订单的过程。

2）订单状态：当年分配的所有订单，均可在产品仓库订单中查询。每张订单都会标有状态（见表 1-5-4-2）。

表 1-5-4-2　销售订单状态

状态	状态印章	状态说明	下一步操作
订单未交货	未完成	正常未交货订单	交货
订单正常交货	完成	正常交货	收应收款
容忍期内未交货的订单	违约未完成	可以交货（计算违约金）	交货
容忍期内交货	违约完成	在容忍期内完成交货	收应收款（扣除违约金）
容忍期后未交货	取消	取消订单并强扣违约金	强扣违约金

表 1-5-4-3　交货规则

序号	市场	订单违约金比例	违约容忍期限（天）	OID1减值	OID2减值	临时延期交货时间（天）	临时单价放大倍数
1	本地	0.2	30	0.3	0.1	90	1
2	区域	0.2	30	0.3	0.1	90	1
3	国内	0.2	30	0.3	0.1	90	1
4	亚洲	0.2	30	0.3	0.1	90	1
5	国际	0.2	30	0.3	0.1	90	1

订单交货与取消规则。

①所有订单必须在订单规定的交货日期前（包括当日），按照订单规定的数量交货，订单不能拆分交货。

②交货日期后的第一天还未完成交货的订单被标注“违约未完成”状态，进入容忍期。在容忍期间仍然可以进行“交货”操作，但系统会计算违约金，并扣减诚信度 OID1 值。如果完成交货，违约金将从应收款中扣除。

③容忍期结束之后，仍未执行交货的订单被派放到临时交易市场，原订单标注为“取消”状态，不能执行“交货”操作，同时强制扣除违约金和诚信度 OID2 值。

④容忍期截止日期跨年的订单，可以保留到下年。下年完成交货后，计入下年的销售收入；下年不能完成的违约订单，将被直接取消，扣减诚信度 OID2 值，但不进入下年的临时交易市场，扣除的违约金计入下年的报表。

⑤交货完成的日期是应收账期的起点日期。

3. 临时交易订单规则

临时交易是在年中运行期内发生已被分配的订单取消时，重新设定“价格”和“交货期”后在临时交易市场中进行交易的活动。临时交易有如下规则。

临时交易发生在年中（1—12 月）的运行期间，如年初订货会中已分配的订单，被其他队伍“违约取消”，则出现在订货会中，可在订货会的“临时交易”进行申请分配操作。

临时交易的出现条件。

当某公司的订单进入容忍期时，将向所有公司的销售总监发布临时交易市场订单预告，预告信息包括：市场名、产品名、产品数量、预计上架日期等。

①当容忍期的订单被取消时，取消当日按市场进入临时交易市场。如该订单为第二次被取消，则不进入临时交易市场。

②如果预告的临时订单在容忍期内完成交货，则不再进入临时交易市场。

③订单交货期自原订单取消之日起，按系统设置天数后延；订单产品单价根据市场情况，可能与原订单的产品单价不同。

④如果临时交易订单直到交货日到期后的第一天，仍然还有剩余的产品数量没有被申请，该订单将被取消，并且不再进入临时交易市场进行交易。

⑤临时市场未分配的订单不跨年，即：本年结束后，撤销临时交易市场中所有未分配的订单；如取消订单容忍期在本年结束后，则不进入临时市场。

3）临时交易的接取条件。

①临时交易分市场进行，需有该市场资质。

②获取临时交易订单的资质要求与订货会的要求一样，除此之外还要求公司本年在该市场中没有违约交货的记录（包括“违约完成”和“取消”的记录），否则将不能获取本市场的临时交易订单。

③临时交易订单只能被运行在临时订单发生日期之后的公司查看到，运行时间在临时订单发生日期之前的公司则无法看到该订单。

④临时交易订单分配按照操作系统时间的先后顺序进行分配,与企业运行日期和企业知名度排名无关,即:按照提交申请的系统时间确定先后。

✧ 如果分配时订单产品剩余数量大于或等于申请数量时,全数分配。

✧ 如果分配时订单产品剩余数量小于申请数量时,按剩余数量分配。

✧ 如果分配时订单产品剩余数量为 0 时,停止分配。

⑤临时交易订单可以被分割获得,即可以获取订单中的部分产品数量。

临时交易订单可以被部分批准,即:订单剩余产品数量小于申请数量时,按剩余产品数量分给申请公司(申请公司只能取得部分申请的产品数量)。

⑥临时交易中多次申请同一张订单成功,在没有交货的情况下,按照单号合并成一张订单,其中产品数量等于多张订单产品数量之和,已交货的订单除外。

⑦已分配的临时交易订单交货期跨年,可以保留到跨年交货,销售收入计入下年。

4. 现货交易规则

表 1-5-4-4　现货市场订单实例

序号	商品标识	当前可售数量	市场出售单价(万元)	市场收购单价(万元)	出售质保期(天)	交货期(天)	年份
1	P_1	20	100	30	0	0	1
2	P_2	20	100	40	0	0	1
3	P_3	20	200	50	0	0	1
4	P_4	20	200	60	0	0	1

1)现货市场的订单各年均为表 1-5-4-4 列出的数量。

2)现货市场的交易都是现金现货交易,买卖成交后,先从销售总监现金账户中划转资金,再从市场中转移产品;如果账户资金不足,则终止交易。

3)现货市场采购产品的价格是表 1-5-4-4 中的"市场出售单价",而公司出售产品的单价,按照表 1-5-4-4 中的"市场收购单价"计算。

4)公司出售给现货市场的产品成交后,增加当期的现货市场产品的库存量。

5. 销售总监报表

表 1-5-4-5　产品统计表

项目	数量	订单收入	违约罚款	销售成本	产品库存数	库存价值
P_1					当前的产品库存数量	当前库存产品的价值
P_2						
P_3						
P_4						
P_5						

注:表中的(订单收入 - 违约罚款)按产品并入产品统计表的产品"收入"项。

表中的销售成本按产品并入产品统计表的产品"成本"项。

表 1-5-4-5 中的各项填写规则如下。

1）数量：填写当年已交货的订单，可以从当年的产品库存的单据中查询，这些出库包括：年初订货会订单交货出库；现货市场销售出库；临时交易市场已交货订单。

2）订单收入：按照表 1-5-4-6 的算法进行销售收入的计算汇总。

表 1-5-4-6 销售收入计算规则

销售操作	销售总额（数量 × 单价）	违约金（销售总额 × 违约比例）	销售收入计算
订单按期交货	订单总额	0	订单总额 -0
订单违约交货	订单总额	订单总额 × 违约比例	订单总额 ×（1- 违约比例）
订单违约取消	0	订单总额 × 违约比例	0- 违约金
现货零售	产品出售总价	0	产品出售总价 -0

①订单总额：通过查询当年已完成的订单直接获取。

②违约金：通过查询当年已处理（包括完成和取消）订单的“罚金”项直接获取。

③现货零售：需要在现货市场卖出产品时，自行记录或从消息中获得。

④销售成本：查询当年已处理的订单中的“转出成本”项直接获取。

⑤库存数量：直接从库存状态中获取。

⑥库存价值：直接从库存状态中获取。

（五）财务总监运营规则

1. 财务总监任务清单

表 1-5-5-1 财务总监任务清单

序号	运行期	任务
1	年初	参加订货会
2	全年	岗位现金申请审核并拨款
3	全年	资金调配（反向拨款）
4	年中	贷款申请
5	年中	每月支付费用（包括到期贷款和利息）
6	年中	提取应收款
7	年中	应收款贴现
8	年中、年末	填制财务统计报表
9	年末	审核年度报表并上报
10	全年	查询经营详情

2. 贷款类型及贷款方式

表 1-5-5-2　贷款规则

序号	贷款类型	还款/利息违约容忍期（天）	还款违约金比例	利息违约金比例	本金 OID1 减值	本金 OID2 减值	利息 OID1 减值	利息 OID2 减值
1	长贷	25/30	0.1	0.1	0.1	0.2	0.1	0.2
2	短贷	25/30	0.1	0.1	0.1	0.2	0.1	0.2

表 1-5-5-3　贷款周期

贷款周期	贷款期限	每期天数	贷款金额（每份）	利率
2 季短贷	2（季）	90	10	0.05
3 季短贷	3（季）	90	10	0.05
4 季短贷	4（季）	90	10	0.05
2 年长贷	2（年）	360	20	0.1
3 年长贷	3（年）	360	20	0.1

1）贷款金额：上年权益 × 额度计算倍数（上年权益额从上年“资产负债表”提取）。

2）贷款类型：可以自由组合，但长短贷额度之和不能超出上年权益的 3 倍。

①长期借款：是指企业向银行借入的期限在 1 年以上（不含 1 年）的各项借款。企业可在年中任何日期申请长期贷款，每年付息，到期还本。

②短期借款：是指企业向银行借入的期限在 1 年以内（含 1 年）的各项借款。企业可在年中任何日期申请短期贷款，到期一次付息还本。

3）贷款申请时间：各年正常经营的任何日期（不包括“年初”和“年末”）。

4）在“贷款周期”中规定了不同贷款周期的具体参数，如：2 季短贷，最低贷款额为 10 万元（可以以 10 的整数倍递增），使用期为 2 季（90 天/季），贷款利率为年息 5%。

申请贷款时，输入申请贷款的份数，如 10 份，总贷款量即为 10 份 ×10 万 = 100 万。

5）贷款/利息的还款。

①系统每月 1 日提供本月到期贷款和利息的账单，但不提供具体到期日的信息（可以在“收支明细”查询具体到期日期）。

②正常还款和还利息可以在贷款到期或者利息到期日之前（包括到期日当天）操作，否则将进入容忍期，并发生违约金和 OID1 减值。

③如果当月应还贷款进入容忍期（即违约未还），则不论是否还有额度，都不能进行贷款操作。

3. 应收款和应收款贴现

表 1-5-5-4 贴现规则

序号	贴现费用率	贴现期（天数）
1	0.05	30
2	0.1	60
3	0.15	90
4	0.2	120

1）应收款：是企业应收但未收到的款项。

2）应收账期：是从确认应收款之日到约定收款日的期间。

3）贴现是指债权人在应收账期内，贴付一定利息提前取得资金的行为。不同应收账期的贴现利息不同。注：贴现期 30 天的贴现率，是指 30 天以内（含 30 天）的贴现率；贴现期 60 天的贴现率为大于 30 天，且小于或等于 60 天的贴现率。

4. 应交费用计算和缴纳

表 1-5-5-5 费用计算规则

序号	费用类型	算法	计算值（万元）	费用比例	扣减资源	计算时间	是否手动操作
1	管理费	固定常数	5	1	现金	每月 1 日	是
2	设备维修费	生产线原值 × 费用比例	计算	0.1	现金	满 360 天	是
3	折旧	（生产线原值 - 残值）÷ 折旧年限	计算	1	生产线净值	满 360 天	系统自动扣除
4	所得税	（当年权益 - 纳税基数）× 费用比例	计算	0.2	现金	每年年末	系统自动扣除

1）每月 1 日，系统按照表中规定的计算方式，自动计算出本月应交的费用项，分别列示在当月应交费用表内；利息和银行还款也被列在本费用表中一并处理。

2）费用支付有系统自动扣除和手动支付两种。

①自动扣除项：在当月计算后，系统自动执行支付（如所得税和折旧）。

②手动支付项：在本月的任何日期，先手动选择费用项，点击【支付】按钮执行支付，被选定的费用项全额支付。

3）如果费用项有指定的到期支付日期，需在到期日之前（包括到期日当天）支付，否则按违约处理。

①本月内到期的费用可以选择提前支付。

②如果某种费用支付截止日前未完成支付操作，则被记为违约，需要额外计算违约金（违约金＝费用本金 × 违约比例），此时显示的应支付费用即为（费用本金＋违约金）。

③本月费用没有在 30 日前（包括 30 日）支付，将合并到下月费用中。但上月未交费用为违约未交状态，并按照设定的违约金比例计算违约金，违约金将被合并到下月费用中。

④如果容忍期内仍然没有完成支付，系统将强制扣除违约的费用及违约金，并按照表 1-5-5-6 的规则，扣减全市场的 OID1 减值及 OID2 减值。

4）本年 12 月份，将对本年的所有费用进行强制清缴，即：

① 12 月份的所有费用的容忍期到期日调整为 12 月 29 日；

② 12 月 30 日即对所有未交费用按照强制扣除处理，并按照 OID1 减值及 OID2 减值扣减所有市场的 OID 值。

表 1-5-5-6　费用违约规则

序号	费用明细	是否扣减全部市场 OID 值	违约金比例	违约容忍期限（天）	OID1 减值	OID2 减值
1	管理费	是	1	30	0.1	0.1
2	所得税	否	0	30	0	0
3	折旧	否	0	30	0	0
4	设备维修费	是	0.2	30	0.1	0.1
5	基本工资	否	0	30	0	0
6	员工福利	否	0	30	0	0

5. 财务总监报表

表 1-5-5-7　财务总监统计报表

资金项目	金额	目标表表项
管理费		【费用表】管理费（第 1 项）
设备维修费		【费用表】设备维修费（第 2 项）
转产及技改		【费用表】转产及技改（第 3 项）
基本工资	0	【费用表】基本工资（第 10 项）
培训费	0	【费用表】培训费（第 11 项）
财务费用		【利润表】财务费用（+）（第 9 项）
本年折旧		【利润表】折旧（+）（第 5 项）
其他支出合计		【利润表】销售（-）（第 9 项）
现金余额		【资产负债表】现金（第 1 项）
应收款		【资产负债表】应收款（第 2 项）
应付款		【资产负债表】应付款（第 14 项）
长期贷款余额		【资产负债表】长期贷款（第 12 项）
短期贷款余额		【资产负债表】短期贷款（第 13 项）
股东资本		【资产负债表】股东资本（第 17 项）

续表

资金项目	金额	目标表表项
所得税		【利润表】所得税(第11项)

特别提示:表中所有数据均按正数填写。

1)管理费、设备维修费、转产及技改:是全年支付的总和。

2)基本工资、培训费:是人力资源支出的操作工人的费用,每月1日在系统账单中列支,可以通过现金支出查询全年总和。

3)财务费用:财务费用指本年的贷款利息、利息违约金、还贷本金违约金和贴现息四项之和。

4)本年折旧:本年提取的生产线折旧合计,数据来源于本年消息通知有哪条生产线发生过折旧,然后查询生产线类型,计算出提取的折旧额。

5)其他支出合计:

①维修费违约;

②管理费违约;

③代工收货违约;

④税款违约金;

⑤租金违约金;

⑥处理财产损失(注:财产损失是出售生产线的资产损失,资产损失=生产线价值-累计折旧-残值)。

6)所得税:此项需要根据本年的权益合计计算是否需要交税而定。操作方法如下:

①当年税前利润为负或零,则当年为不盈利,不用交税;

②当年税前利润为正,则当年为盈利。

所得税=应税金额 × 税率;

应税金额=当年税前利润-以前年度亏损。

第二篇　企业模拟经营实践(四年)

团队组建

岗位	工作职责	任务完成情况	姓名	学号
总经理				
采购总监				
生产总监				
销售总监				
财务总监				

一、第一年经营

(一)总经理

第一年市场资质研发规划

每次(年)投资额(万元)	本地市场研发投资次数	区域市场研发投资次数	国内市场研发投资次数	亚洲市场研发投资次数	国际市场研发投资次数	ISO9000研发投资次数	ISO14000研发投资次数

第一年产品研发规划

序号	产品标识	总投资期	每期投资额(万元)	每期天数(天)	当前产品研发状态
1	P_1				
2	P_2				
3	P_3				
4	P_4				
5	P_5				

第一年厂房使用规划

序号	厂房标识	生产线容量	购买价格	每年租金	出售账期	支付租金违约金	进入违约容忍期限	厂房租赁时间	厂房购买时间
1	A								

续表

序号	厂房标识	生产线容量	购买价格	每年租金	出售账期	支付租金违约金	进入违约容忍期限	厂房租赁时间	厂房购买时间
2	B								
3	C								
4	D								

第一年广告及企业知名度规划

广告类型	投放时间	市场	广告基数	第一年广告有效值
战略		本地		
		区域		
		国内		
		亚洲		
		国际		
促销	订货会	本地		
	订货会	区域		
	订货会	国内		
	订货会	亚洲		
	订货会	国际		

第一年总经理经营报表

项目	金额
广告费	
租金	
市场准入投资	
产品研发	
ISO 资格投资	
信息费	
厂房价值	

注:经营报表可以在年中或年末的任何时间进行填报,每次填报后点击“暂存”保存数据,或点击“提交”以更新经营报表。

第一年总经理工作任务完成情况

序号	任务	完成情况
1	市场开发投资	
2	ISO 认证开发投入申请	
3	投放促销广告	

续表

序号	任务	完成情况
4	参加订货会,获取订单	
5	预算经费申报	
6	控制推进日期	
7	投放战略广告	
8	购买 / 租用厂房	
9	厂房处理	
10	产品研发投资	
11	商业情报收集	
12	填报总经理报表,报表上报	

第一年经营收获与反思:

（二）采购总监

第一年原料采购规划

序号	原料标识	单价	当前数量	采购数量	采购时间	收货时间	收货金额	是否违约	违约金额	处理提前期记录
1										
2										
3										
4										
5										
6										
7										
8										
9										
10										
11										
12										

注：①原料供货需提前预订，预订不需要预付费用。
②市场原料的数量每季各不相同，以系统当年各季度数据为准。

现货市场交易订单

序号	商品标识	当前可售数量	市场出售单价（万元）	市场收购单价（万元）	出售质保期（天）	交货期（天）	年份
1	R_1						1
2	R_2						1
3	R_3						1
4	R_4						1

注：根据系统当年现货市场数据为准进行填制即可，根据此表完成下述现货市场交易记录。

现货市场采购订单

序号	原料标识	采购数量	采购单价	采购时间	收货时间	采购金额	处理提前期记录	执行年份
1								
2								
3								
4								
5								

续表

序号	原料标识	采购数量	采购单价	采购时间	收货时间	采购金额	处理提前期记录	执行年份
6								

现货市场出售订单

序号	原料标识	出售数量	出售单价	出售时间	出售金额	处理提前期记录	执行年份
1							
2							
3							
4							
5							
6							

注:现货市场的订单各年均以系统内现货市场数据为基准,有公司购买成功,则减少相应数量,有公司销售成功,则增加相应数量。

第一年采购总监经营报表

原料	库存原料数量(件数)	库存原料价值(万元)	零售(含拍卖)收入(万元)	零售(含拍卖)成本(万元)	失效和违约价值(万元)
R_1					
R_2					
R_3					
R_4					

第一年采购总监工作任务完成情况

序号	任务	完成情况
1	参加订货会,获取订单	
2	预算经费申报	
3	原料市场预订原料	
4	原料仓库收货和付款	
5	现货交易市场出售原料	
6	现货交易市场购买原料	
7	填制原料统计表	

第一年经营收获与反思：

（三）生产总监

第一年生产线参数规划

序号	生产线标识	每期安装投资	安装期数	每期安装天数	生产期数	每期生产天数	技改期数	每期技改天数	每期技改费用	技改提升比例	技改次数上限
1	手工线										
2	自动线										
3	柔性线										

转产期数	每期转产天数	每期转产费用	操作工人总数	初级以上人数	中级以上人数	高级以上人数	折旧年限	提取折旧天数	维修费	残值

注：按系统内生产线实际参数完成上述表格填制。

计件工资参数

工资类 / 工种	初级工	中级工	高级工
计件工资			

注：按系统内生产线实际参数完成上述表格填制。

工人数量

数量/工种	初级工	中级工	高级工
数量			

注:按系统内生产线实际参数完成上述表格填制。

产品物料清单

序号	产品标识	R_1(件数)	R_2(件数)	R_3(件数)	R_4(件数)	P_1(件数)	P_2(件数)	P_3(件数)	P_4(件数)
1	P_1								
2	P_2								
3	P_3								
4	P_4								
5	P_5								

注:①按系统内生产线实际参数完成上述表格填制。
②组织生产时,需要按照产品物料清单准备原材料。

第一年生产总监经营报表——在制品统计

项目/在制品	P_1	P_2	P_3	P_4	P_5
数量					
在制品价值					

注:产品"在制品价值"合计后并入资产负债表的"在制品"项目的期末数。

第一年生产总监经营报表——生产设备统计

项目/生产线	手工	自动	柔性
总投资			
累计折旧			
在建已投资额			

注:①各生产线的(总投资合计-累计折旧合计=生产线净值)并入资产负债表的"机器与设备"项的期末数。
②各生产线的在建已投资额合计数并入资产负债表的"在建工程"项的期末数。

第一年生产总监工作任务完成情况

序号	任务	完成情况
1	参加订货会	
2	预算经费申报	

续表

序号	任务	完成情况
3	新建生产线	
4	转产 / 技改生产线	
5	出售生产线	
6	全线推进（厂房内的所有生产线的状态推进）	
7	全线开产（厂房内的所有生产线上线开产）	
8	填制生产报表	

第一年经营收获与反思：

（四）销售总监

第一年销售总监经营规划

序号	市场	订单违约金比例	违约容忍期限（天）	OID1减值	OID2减值	临时延期交货时间（天）	临时单价放大倍数
1	本地						
2	区域						
3	国内						
4	亚洲						
5	国际						

注：按系统内交货规则实际参数完成上述表格填制。

现货市场订单实例

序号	商品标识	当前可售数量	市场出售单价（万元）	市场收购单价（万元）	出售质保期（天）	交货期（天）	年份
1	P_1						
2	P_2						
3	P_3						
4	P_4						

注:①按系统内生产线实际参数完成上述表格填制。

②公司出售给现货市场的产品成交后,增加当期的现货市场产品的库存量。

第一年销售总监经营报表

项目	数量	订单收入	违约罚款	销售成本	产品库存数	库存价值
P_1						
P_2						
P_3						
P_4						
P_5						

第一年底销售总监工作任务完成情况

序号	任务	完成情况
1	参加订货会,获取订单	
2	预算经费申报	
3	产品交货	
4	现货交易市场出售产品	
5	现货交易市场购买产品	
6	临时交易市场获取订单	
7	填制库存和产品统计表	

第一年经营收获与反思：

（五）财务总监

第一年财务总监经营规划

序号	贷款类型	还款 / 利息违约容忍期（天）	还款违约金比例	利息违约金比例	本金OID1减值	本金OID2减值	利息OID1减值	利息OID2减值
1	长贷							
2	短贷							

注：按系统内贷款实际参数完成上述表格填制。

贷款周期详情

贷款周期名称	贷款期限	每期天数	贷款金额	利率
2 季短贷				
3 季短贷				
4 季短贷				
2 年长贷				
3 年长贷				

注：按系统内贷款实际参数完成上述表格填制。

贴现规则说明

序号	贴现费用率	贴现期(天数)
1		
2		
3		
4		

注:按系统内贴现实际参数完成上述表格填制。

费用违约规则说明

序号	费用明细	违约金比例	违约容忍期限(天)
1	管理费		
2	所得税		
3	折旧		
4	设备维修费		
5	基本工资		
6	员工福利		

注:按系统内费用违约实际参数完成上述表格填制。

第一年财务总监经营报表

资金项目	金额
管理费	
设备维修费	
转产及技改费	
基本工资	
培训费	
财务费用	
本年折旧	
其他支出合计	
现金余额	
应收款	
应付款	
长期贷款余额	
短期贷款余额	
股东资本	
所得税	

第一年财务总监工作任务完成情况

序号	任务	任务完成情况
1	参加订货会	
2	岗位现金申请审核并拨款	
3	资金调配(反向拨款)	
4	贷款申请	
5	每月支付费用(包括到期贷款和利息)	
6	提取应收款	
7	应收款贴现	
8	填制财务统计报表	
9	审核年报表并上报	
10	查询经营详情	

第一年经营收获与反思:

二、第一年企业经营情况

第一年费用统计表　　（单位:万元）

序号	项目	填报岗位
1	管理费	

续表

序号	项目	填报岗位
2	广告费	
3	设备维修费	
4	转产及技改费	
5	租金	
6	市场准入投资	
7	产品研发费	
8	ISO 资格投资	
9	信息费	
10	培训费	
11	基本工资	
12	费用合计	

第一年利润表　　(单位:万元)

序号	项目	数据来源
1	销售收入	
2	直接成本	
3	毛利	
4	综合费用	
5	折旧前利润	
6	折旧	
7	支付利息前利润	
8	财务费用	
9	营业外收支	
10	税前利润	
11	所得税	
12	净利润	

第一年企业资产负债表　　(单位:万元)

序号	表项	年初数(上年期末数)	期末数
1	现金		
2	应收款		
3	在制品		
4	产成品		
5	原材料		
6	流动资产合计		

续表

序号	表项	年初数(上年期末数)	期末数
7	土地和建筑		
8	机器与设备		
9	在建工程		
10	固定资产合计		
11	资产总计		
12	长期负债		
13	短期负债		
14	应付款		
15	应交税金		
16	负债合计		
17	股东资本		
18	利润留存		
19	本年利润		
20	权益合计		
21	负债+所有者权益总计		

第一年 OID 值统计表

序号	OID 值相关经营操作	本地 OID	区域 OID	国内 OID	亚洲 OID	国际 OID	合计	第一年 OID 合计
1	交货无违约							
2	市场占有率							
3	贷款无违约							
4	付款收货无违约							
5	订单违约交单							
6	取消订单强制扣除违约金							
7	原料订单延迟收货违约							
8	取消原料订单强制扣除违约金							
9	零售市场出售原料未能履约							
10	零售市场出售产品未能履约							
11	代工延迟收货违约							
12	取消代工订单并强制扣除违约金							
13	贷款延迟还款违约							
14	强制扣除应还贷款及违约金							
15	贷款利息延迟支付违约							
16	强制扣除应还贷利息及违约金							

续表

序号	OID值相关任务动作	本地OID	区域OID	国内OID	亚洲OID	国际OID	合计	第一年OID合计
17	延迟支付维修费违约							
18	强制扣除维修费及违约金							
19	延迟支付厂房租金违约							
20	强制扣除厂房租金及违约金							

第一年企业经营反思：

三、第二年经营

(一)总经理

第二年市场资质研发规划

每次(年)投资额(万元)	本地市场研发投资次数	区域市场研发投资次数	国内市场研发投资次数	亚洲市场研发投资次数	国际市场研发投资次数	ISO9000研发投资次数	ISO14000研发投资次数

第二年产品研发规划

序号	产品标识	总投资期	每期投资额(万元)	每期天数(天)	当前产品研发状态
1	P_1				
2	P_2				
3	P_3				
4	P_4				
5	P_5				

第二年厂房使用规划

序号	厂房标识	生产线容量	购买价格	每年租金	出售账期	支付租金违约金	进入违约容忍期限	厂房租赁时间	厂房购买时间
1	A								
2	B								
3	C								
4	D								

第二年广告及企业知名度规划

广告类型	投放时间	市场	广告基数	第二年广告有效值
战略		本地		
		区域		
		国内		
		亚洲		
		国际		
促销	订货会	本地		
	订货会	区域		
	订货会	国内		
	订货会	亚洲		
	订货会	国际		

第二年总经理经营报表

项目	金额
广告费	
租金	
市场准入投资	
产品研发	
ISO 资格投资	
信息费	

续表

项目	金额
厂房价值	

注:经营报表可以在年中或年末的任何时间进行填报,每次填报后点击"暂存"保存数据,或点击"提交"更新经营报表。

第二年总经理工作任务完成情况

序号	任务	完成情况
1	市场开发投资	
2	ISO 认证开发投入申请	
3	投放促销广告	
4	参加订货会,获取订单	
5	预算经费申报	
6	控制推进日期	
7	投放战略广告	
8	购买 / 租用厂房	
9	厂房处理	
10	产品研发投资	
11	商业情报收集	
12	填报总经理报表,报表上报	

第二年经营收获与反思:

（二）采购总监

第二年原料采购规划

序号	原料标识	单价	当前数量	采购数量	采购时间	收货时间	收货金额	是否违约	违约金额	处理提前期记录
1										
2										
3										
4										
5										
6										
7										
8										
9										
10										
11										
12										

注:①原料供货需提前预订,预订不需要预付费用。

②市场原料的数量每季各不相同,以系统当年各季度数据为准。

现货市场交易订单

序号	商品标识	当前可售数量	市场出售单价（万元）	市场收购单价（万元）	出售质保期（天）	交货期（天）	年份
1	R_1						1
2	R_2						1
3	R_3						1
4	R_4						1

注:根据系统当年现货市场数据为准进行填制即可,根据此表完成下述现货市场交易记录。

现货市场采购订单

序号	原料标识	采购数量	采购单价	采购时间	收货时间	采购金额	处理提前期记录	执行年份
1								
2								
3								
4								

续表

序号	原料标识	采购数量	采购单价	采购时间	收货时间	采购金额	处理提前期记录	执行年份
5								
6								

现货市场出售订单

序号	原料标识	出售数量	出售单价	出售时间	出售金额	处理提前期记录	执行年份
1							
2							
3							
4							
5							
6							

注:现货市场的订单各年均以系统内现货市场数据为基准,有公司购买成功,则减少相应数量,有公司销售成功,则增加相应数量。

第二年采购总监经营报表

原料	库存原料数量(件数)	库存原料价值(万元)	零售(含拍卖)收入(万元)	零售(含拍卖)成本(万元)	失效和违约价值(万元)
R_1					
R_2					
R_3					
R_4					

第二年采购总监工作任务完成情况

序号	任务	完成情况
1	参加订货会,获取订单	
2	预算经费申报	
3	原料市场预订原料	
4	原料仓库收货和付款	
5	现货交易市场出售原料	
6	现货交易市场购买原料	
7	填制原料统计表	

第二年经营收获与反思：

（三）生产总监

第二年生产线参数规划

序号	生产线标识	每期安装投资	安装期数	每期安装天数	生产期数	每期生产天数	技改期数	每期技改天数	每期技改费用	技改提升比例	技改次数上限
1	手工线										
2	自动线										
3	柔性线										

转产期数	每期转产天数	每期转产费用	操作工人总数	初级以上人数	中级以上人数	高级以上人数	折旧年限	提取折旧天数	维修费	残值

注：按系统内生产线实际参数完成上述表格填制。

计件工资参数

工资类 / 工种	初级工	中级工	高级工
计件工资			

注：按系统内生产线实际参数完成上述表格填制。

工人数量

数量 / 工种	初级工	中级工	高级工
数量			

注:按系统内生产线实际参数填制完成上述表格填制。

产品物料清单

序号	产品标识	R_1（件数）	R_2（件数）	R_3（件数）	R_4（件数）	P_1（件数）	P_2（件数）	P_3（件数）	P_4（件数）
1	P_1								
2	P_2								
3	P_3								
4	P_4								
5	P_5								

注:①按系统内生产线实际参数完成上述表格填制。
②组织生产时,需要按照产品物料清单准备原材料。

第二年生产总监经营报表——在制品统计

项目 / 在制品	P_1	P_2	P_3	P_4	P_5
数量					
在制品价值					

注:产品“在制品价值”合计后并入资产负债表的“在制品”项目的期末数。

第二年生产总监经营报表——生产设备统计

项目 / 生产线	手工	自动	柔性
总投资			
累计折旧			
在建已投资额			

注:①各生产线的(总投资合计－累计折旧合计生产线净值)并入资产负债表的“机器与设备”项的期末数。
②各生产线的在建已投资额合计数并入资产负债表的“在建工程”项的期末数。

第二年生产总监工作任务完成情况

序号	任务	完成情况
1	参加订货会	
2	预算经费申报	

续表

序号	任务	完成情况
3	新建生产线	
4	转产 / 技改生产线	
5	出售生产线	
6	全线推进（厂房内的所有生产线的状态推进）	
7	全线开产（厂房内的所有生产线上线开产）	
8	填制生产报表	

第二年经营收获与反思：

（四）销售总监

第二年销售总监经营规划

序号	市场	订单违约金比例	违约容忍期限（天）	OID1减值	OID2减值	临时延期交货时间（天）	临时单价放大倍数
1	本地						
2	区域						
3	国内						
4	亚洲						
5	国际						

注：按系统内交货规则实际参数完成上述表格填制。

现货市场订单实例

序号	商品标识	当前可售数量	市场出售单价（万元）	市场收购单价（万元）	出售质保期（天）	交货期（天）	年份
1	P_1						
2	P_2						
3	P_3						
4	P_4						

注:①按系统内生产线实际参数完成上述表格填制。

②公司出售给现货市场的产品成交后,增加当期的现货市场产品的库存量;

第二年销售总监经营报表——产品统计表

项目	数量	订单收入	违约罚款	销售成本	产品库存数	库存价值
P_1						
P_2						
P_3						
P_4						
P_5						

第二年底销售总监工作任务完成情况

序号	任务	完成情况
1	参加订货会,获取订单	
2	预算经费申报	
3	产品交货	
4	现货交易市场出售产品	
5	现货交易市场购买产品	
6	临时交易市场获取订单	
7	填制库存和产品统计表	

第二年经营收获与反思：

（五）财务总监

第二年财务总监经营规划

序号	贷款类型	还款/利息违约容忍期（天）	还款违约金比例	利息违约金比例	本金OID1减值	本金OID2减值	利息OID1减值	利息OID2减值
1	长贷							
2	短贷							

注：按系统内贷款实际参数完成上述表格填制。

贷款周期详情

贷款周期名称	贷款期限	每期天数	贷款金额	利率
2季短贷				
3季短贷				
4季短贷				
2年长贷				
3年长贷				

注：按系统内贷款实际参数完成上述表格填制。

贴现规则说明

序号	贴现费用率	贴现期(天数)
1		
2		
3		
4		

注:按系统内贴现实际参数完成上述表格填制。

费用违约规则说明

序号	费用明细	违约金比例	违约容忍期限(天)
1	管理费		
2	所得税		
3	折旧		
4	设备维修费		
5	基本工资		
6	员工福利		

注:按系统内费用违约实际参数完成上述表格填制。

第二年财务总监经营报表

资金项目	金额
管理费	
设备维修费	
转产及技改费	
基本工资	
培训费	
财务费用	
本年折旧	
其他支出合计	
现金余额	
应收款	
应付款	
长期贷款余额	
短期贷款余额	
股东资本	
所得税	

第二年财务总监工作任务完成情况

序号	任务	任务完成情况
1	参加订货会	
2	岗位现金申请审核并拨款	
3	资金调配（反向拨款）	
4	贷款申请	
5	每月支付费用（包括到期贷款和利息）	
6	提取应收款	
7	应收款贴现	
8	填制财务统计报表	
9	审核年报表并上报	
10	查询经营详情	

第二年经营收获与反思：

四、第二年企业经营情况

第二年费用统计表 （单位：万元）

序号	项目	填报岗位
1	管理费	
2	广告费	

续表

序号	项目	填报岗位
3	设备维修费	
4	转产及技改费	
5	租金	
6	市场准入投资	
7	产品研发费	
8	ISO 资格投资	
9	信息费	
10	培训费	
11	基本工资	
12	费用合计	

第二年利润表　（单位：万元）

序号	项目	数据来源
1	销售收入	
2	直接成本	
3	毛利	
4	综合费用	
5	折旧前利润	
6	折旧	
7	支付利息前利润	
8	财务费用	
9	营业外收支	
10	税前利润	
11	所得税	
12	净利润	

第二年企业资产负债表　（单位：万元）

序号	表项	年初数（上年期末数）	期末数
1	现金		
2	应收款		
3	在制品		
4	产成品		
5	原材料		
6	流动资产合计		
7	土地和建筑		

续表

序号	表项	年初数(上年期末数)	期末数
8	机器与设备		
9	在建工程		
10	固定资产合计		
11	资产总计		
12	长期负债		
13	短期负债		
14	应付款		
15	应交税金		
16	负债合计		
17	股东资本		
18	利润留存		
19	本年利润		
20	权益合计		
21	负债+所有者权益总计		

第二年 OID 值统计表

序号	OID 值相关经营操作	本地 OID	区域 OID	国内 OID	亚洲 OID	国际 OID	合计	第二年 OID 合计
1	交货无违约							
2	市场占有率							
3	贷款无违约							
4	付款收货无违约							
5	订单违约交单							
6	取消订单强制扣除违约金							
7	原料订单延迟收货违约							
8	取消原料订单强制扣除违约金							
9	零售市场出售原料未能履约							
10	零售市场出售产品未能履约							
11	代工延迟收货违约							
12	取消代工订单并强制扣除违约金							
13	贷款延迟还款违约							
14	强制扣除应还贷款及违约金							
15	贷款利息延迟支付违约							
16	强制扣除应还贷利息及违约金							
17	延迟支付维修费违约							

续表

序号	OID 值相关任务动作	本地 OID	区域 OID	国内 OID	亚洲 OID	国际 OID	合计	第二年 OID 合计
18	强制扣除维修费及违约金							
19	延迟支付厂房租金违约							
20	强制扣除厂房租金及违约金							

第二年企业经营反思：

五、第三年经营

（一）总经理

第三年市场资质研发规划

每次（年）投资额（万元）	本地市场研发投资次数	区域市场研发投资次数	国内市场研发投资次数	亚洲市场研发投资次数	国际市场研发投资次数	ISO9000 研发投资次数	ISO14000 研发投资次数

第三年产品研发规划

序号	产品标识	总投资期	每期投资额(万元)	每期天数(天)	当前产品研发状态
1	P_1				
2	P_2				
3	P_3				
4	P_4				
5	P_5				

第三年厂房使用规划

序号	厂房标识	生产线容量	购买价格	每年租金	出售账期	支付租金违约金	进入违约容忍期限	厂房租赁时间	厂房购买时间
1	A								
2	B								
3	C								
4	D								

第三年广告及企业知名度规划

广告类型	投放时间	市场	广告基数	第三年广告有效值
战略		本地		
		区域		
		国内		
		亚洲		
		国际		
促销	订货会	本地		
	订货会	区域		
	订货会	国内		
	订货会	亚洲		
	订货会	国际		

第三年总经理经营报表

项目	金额
广告费	
租金	
市场准入投资	
产品研发	
ISO 资格投资	
信息费	

续表

项目	金额
厂房价值	

注:经营报表可以在年中或年末的任何时间进行填报,每次填报后点击"暂存"保存数据,或点击"提交"以更新经营报表。

第三年总经理工作任务完成情况

序号	任务	完成情况
1	市场开发投资	
2	ISO 认证开发投入申请	
3	投放促销广告	
4	参加订货会,获取订单	
5	预算经费申报	
6	控制推进日期	
7	投放战略广告	
8	购买 / 租用厂房	
9	厂房处理	
10	产品研发投资	
11	商业情报收集	
12	填报总经理报表,报表上报	

第三年经营收获与反思:

（二）采购总监

第三年原料采购规划

序号	原料标识	单价	当前数量	采购数量	采购时间	收货时间	收货金额	是否违约	违约金额	处理提前期记录
1										
2										
3										
4										
5										
6										
7										
8										
9										
10										
11										
12										

注：①原料供货需提前预订，预订不需要预付费用。

②市场原料的数量每季各不相同，以系统当年各季度数据为准。

现货市场交易订单

序号	商品标识	当前可售数量	市场出售单价（万元）	市场收购单价（万元）	出售质保期（天）	交货期（天）	年份
1	R_1						1
2	R_2						1
3	R_3						1
4	R_4						1

注：根据系统当年现货市场数据为准进行填制即可，根据此表完成下述现货市场交易记录。

现货市场采购订单

序号	原料标识	采购数量	采购单价	采购时间	收货时间	采购金额	处理提前期记录	执行年份
1								
2								
3								
4								

续表

序号	原料标识	采购数量	采购单价	采购时间	收货时间	采购金额	处理提前期记录	执行年份
5								
6								

现货市场出售订单

序号	原料标识	出售数量	出售单价	出售时间	出售金额	处理提前期记录	执行年份
1							
2							
3							
4							
5							
6							

注:现货市场的订单各年均以系统内现货市场数据为基准,有公司购买成功,则减少相应数量,有公司销售成功,则增加相应数量。

第三年采购总监经营报表

原料	库存原料数量(件数)	库存原料价值(万元)	零售(含拍卖)收入(万元)	零售(含拍卖)成本(万元)	失效和违约价值(万元)
R_1					
R_2					
R_3					
R_4					

第三年采购总监工作任务完成情况

序号	任务	完成情况
1	参加订货会,获取订单	
2	预算经费申报	
3	原料市场预订原料	
4	原料仓库收货和付款	
5	现货交易市场出售原料	
6	现货交易市场购买原料	
7	填制原料统计表	

第三年经营收获与反思：

（三）生产总监

第三年生产线参数规划

序号	生产线标识	每期安装投资	安装期数	每期安装天数	生产期数	每期生产天数	技改期数	每期技改天数	每期技改费用	技改提升比例	技改次数上限
1	手工线										
2	自动线										
3	柔性线										

转产期数	每期转产天数	每期转产费用	操作工人总数	初级以上人数	中级以上人数	高级以上人数	折旧年限	提取折旧天数	维修费	残值

注：按系统内生产线实际参数完成上述表格填制。

计件工资参数

工资类 / 工种	初级工	中级工	高级工
计件工资			

注：按系统内生产线实际参数完成上述表格填制。

工人数量

数量 / 工种	初级工	中级工	高级工
数量			

注:按系统内生产线实际参数完成上述表格填制。

产品物料清单

序号	产品标识	R_1（件数）	R_2（件数）	R_3（件数）	R_4（件数）	P_1（件数）	P_2（件数）	P_3（件数）	P_4（件数）
1	P_1								
2	P_2								
3	P_3								
4	P_4								
5	P_5								

注:①按系统内生产线实际参数完成上述表格填制。
②组织生产时,需要按照产品物料清单准备原材料。

第三年生产总监经营报表——在制品统计

项目 / 在制品	P_1	P_2	P_3	P_4	P_5
数量					
在制品价值					

注:产品"在制品价值"合计后并入资产负债表的"在制品"项目的期末数。

第三年生产总监经营报表——生产设备统计

项目 / 生产线	手工	自动	柔性
总投资			
累计折旧			
在建已投资额			

注:①各生产线的(总投资合计－累计折旧合计生产线净值)并入资产负债表的"机器与设备"项的期末数。
②各生产线的在建已投资额合计数并入资产负债表的"在建工程"项的期末数。

第三年生产总监工作任务完成情况

序号	任务	完成情况
1	参加订货会	
2	预算经费申报	

续表

序号	任务	完成情况
3	新建生产线	
4	转产 / 技改生产线	
5	出售生产线	
6	全线推进（厂房内的所有生产线的状态推进）	
7	全线开产（厂房内的所有生产线上线开产）	
8	填制生产报表	

第三年经营收获与反思：

（四）销售总监

第三年销售总监经营规划

序号	市场	订单违约金比例	违约容忍期限（天）	OID1减值	OID2减值	临时延期交货时间（天）	临时单价放大倍数
1	本地						
2	区域						
3	国内						
4	亚洲						
5	国际						

注：按系统内交货规则实际参数完成上述表格填制。

现货市场订单实例

序号	商品标识	当前可售数量	市场出售单价（万元）	市场收购单价（万元）	出售质保期（天）	交货期（天）	年份
1	P_1						
2	P_2						
3	P_3						
4	P_4						

注:①按系统内生产线实际参数完成上述表格填制。

②公司出售给现货市场的产品成交后,增加当期的现货市场产品的库存量。

第三年销售总监经营报表

项目	数量	订单收入	违约罚款	销售成本	产品库存数	库存价值
P_1						
P_2						
P_3						
P_4						
P_5						

第三年底销售总监工作任务完成情况

序号	任务	完成情况
1	参加订货会,获取订单	
2	预算经费申报	
3	产品交货	
4	现货交易市场出售产品	
5	现货交易市场购买产品	
6	临时交易市场获取订单	
7	填制库存和产品统计表	

第三年经营收获与反思：

（五）财务总监

第三年财务总监经营规划

序号	贷款类型	还款／利息违约容忍期（天）	还款违约金比例	利息违约金比例	本金OID1减值	本金OID2减值	利息OID1减值	利息OID2减值
1	长贷							
2	短贷							

注：按系统内贷款实际参数完成上述表格填制。

贷款周期详情

贷款周期名称	贷款期限	每期天数	贷款金额	利率
2季短贷				
3季短贷				
4季短贷				
2年长贷				
3年长贷				

注：按系统内贷款实际参数完成上述表格填制。

贴现规则说明

序号	贴现费用率	贴现期(天数)
1		
2		
3		
4		

注:按系统内贴现实际参数完成上述表格填制。

费用违约规则说明

序号	费用明细	违约金比例	违约容忍期限(天)
1	管理费		
2	所得税		
3	折旧		
4	设备维修费		
5	基本工资		
6	员工福利		

注:按系统内费用违约实际参数完成上述表格填制。

第三年财务总监经营报表

资金项目	金额
管理费	
设备维修费	
转产及技改费	
基本工资	
培训费	
财务费用	
本年折旧	
其他支出合计	
现金余额	
应收款	
应付款	
长期贷款余额	
短期贷款余额	
股东资本	
所得税	

第三年财务总监工作任务完成情况

序号	任务	任务完成情况
1	参加订货会	
2	岗位现金申请审核并拨款	
3	资金调配(反向拨款)	
4	贷款申请	
5	每月支付费用(包括到期贷款和利息)	
6	提取应收款	
7	应收款贴现	
8	填制财务统计报表	
9	审核年报表并上报	
10	查询经营详情	

第三年经营收获与反思:

六、第三年企业经营情况

第三年费用统计表 (单位:万元)

序号	项目	填报岗位
1	管理费	
2	广告费	

续表

序号	项目	填报岗位
3	设备维修费	
4	转产及技改费	
5	租金	
6	市场准入投资	
7	产品研发费	
8	ISO 资格投资	
9	信息费	
10	培训费	
11	基本工资	
12	费用合计	

第三年利润表　(单位:万元)

序号	项目	数据来源
1	销售收入	
2	直接成本	
3	毛利	
4	综合费用	
5	折旧前利润	
6	折旧	
7	支付利息前利润	
8	财务费用	
9	营业外收支	
10	税前利润	
11	所得税	
12	净利润	

第三年企业资产负债表　(单位:万元)

序号	表项	年初数(上年期末数)	期末数
1	现金		
2	应收款		
3	在制品		
4	产成品		
5	原材料		
6	流动资产合计		
7	土地和建筑		

续表

序号	表项	年初数(上年期末数)	期末数
8	机器与设备		
9	在建工程		
10	固定资产合计		
11	资产总计		
12	长期负债		
13	短期负债		
14	应付款		
15	应交税金		
16	负债合计		
17	股东资本		
18	利润留存		
19	本年利润		
20	权益合计		
21	负债+所有者权益总计		

第三年 OID 值统计表

序号	OID 值相关经营操作	本地 OID	区域 OID	国内 OID	亚洲 OID	国际 OID	合计	第三年 OID 合计
1	交货无违约							
2	市场占有率							
3	贷款无违约							
4	付款收货无违约							
5	订单违约交单							
6	取消订单强制扣除违约金							
7	原料订单延迟收货违约							
8	取消原料订单强制扣除违约金							
9	零售市场出售原料未能履约							
10	零售市场出售产品未能履约							
11	代工延迟收货违约							
12	取消代工订单并强制扣除违约金							
13	贷款延迟还款违约							
14	强制扣除应还贷款及违约金							
15	贷款利息延迟支付违约							
16	强制扣除应还贷利息及违约金							
17	延迟支付维修费违约							

续表

序号	OID 值相关任务动作	本地 OID	区域 OID	国内 OID	亚洲 OID	国际 OID	合计	第三年 OID 合计
18	强制扣除维修费及违约金							
19	延迟支付厂房租金违约							
20	强制扣除厂房租金及违约金							

第三年企业经营反思:

七、第四年经营

(一)总经理

第四年市场资质研发规划

每次(年)投资额(万元)	本地市场研发投资次数	区域市场研发投资次数	国内市场研发投资次数	亚洲市场研发投资次数	国际市场研发投资次数	ISO9000 研发投资次数	ISO14000 研发投资次数

第四年产品研发规划

序号	产品标识	总投资期	每期投资额(万元)	每期天数(天)	当前产品研发状态
1	P_1				
2	P_2				

续表

序号	产品标识	总投资期	每期投资额(万元)	每期天数(天)	当前产品研发状态
3	P_3				
4	P_4				
5	P_5				

第四年厂房使用规划

序号	厂房标识	生产线容量	购买价格	每年租金	出售账期	支付租金违约金	进入违约容忍期限	厂房租赁时间	厂房购买时间
1	A								
2	B								
3	C								
4	D								

第四年广告及企业知名度规划

广告类型	投放时间	市场	广告基数	第四年广告有效值
战略		本地		
		区域		
		国内		
		亚洲		
		国际		
促销	订货会	本地		
	订货会	区域		
	订货会	国内		
	订货会	亚洲		
	订货会	国际		

第四年总经理经营报表

项目	金额
广告费	
租金	
市场准入投资	
产品研发	
ISO 资格投资	
信息费	
厂房价值	

注:经营报表可以在年中或年末的任何时间进行填报,每次填报后点击“暂存”保存数据,或点击“提交”更新经营报表。

第四年总经理工作任务完成情况

序号	任务	完成情况
1	市场开发投资	
2	ISO 认证开发投入申请	
3	投放促销广告	
4	参加订货会,获取订单	
5	预算经费申报	
6	控制推进日期	
7	投放战略广告	
8	购买 / 租用厂房	
9	厂房处理	
10	产品研发投资	
11	商业情报收集	
12	填报总经理报表,报表上报	

第四年经营收获与反思:

（二）采购总监

第四年原料采购规划

序号	原料标识	单价	当前数量	采购数量	采购时间	收货时间	收货金额	是否违约	违约金额	处理提前期记录
1										
2										
3										
4										
5										
6										
7										
8										
9										
10										
11										
12										

注：①原料供货需提前预订，预订不需要预付费用。

②市场原料的数量每季各不相同，以系统当年各季度数据为准。

现货市场交易订单

序号	商品标识	当前可售数量	市场出售单价（万元）	市场收购单价（万元）	出售质保期（天）	交货期（天）	年份
1	R_1						1
2	R_2						1
3	R_3						1
4	R_4						1

注：根据系统当年现货市场数据为准进行填制即可，根据此表完成下述现货市场交易记录。

现货市场采购订单

序号	原料标识	采购数量	采购单价	采购时间	收货时间	采购金额	处理提前期记录	执行年份
1								
2								
3								
4								

续表

序号	原料标识	采购数量	采购单价	采购时间	收货时间	采购金额	处理提前期记录	执行年份
5								
6								

现货市场出售订单

序号	原料标识	出售数量	出售单价	出售时间	出售金额	处理提前期记录	执行年份
1							
2							
3							
4							
5							
6							

注:现货市场的订单各年均以系统内现货市场数据为基准,有公司购买成功,则减少相应数量,有公司销售成功,则增加相应数量。

第四年采购总监经营报表

原料	库存原料数量(件数)	库存原料价值(万元)	零售(含拍卖)收入(万元)	零售(含拍卖)成本(万元)	失效和违约价值(万元)
R_1					
R_2					
R_3					
R_4					

第四年采购总监工作任务完成情况

序号	任务	完成情况
1	参加订货会,获取订单	
2	预算经费申报	
3	原料市场预订原料	
4	原料仓库收货和付款	
5	现货交易市场出售原料	
6	现货交易市场购买原料	
7	填制原料统计表	

第四年经营收获与反思：

（三）生产总监

第四年生产线参数规划

序号	生产线标识	安装每期投资	安装期数	每期安装天数	生产期数	每期生产天数	技改期数	每期技改天数	每期技改费用	技改提升比例	技改次数上限
1	手工线										
2	自动线										
3	柔性线										

转产期数	每期转产天数	每期转产费用	操作工人总数	初级以上人数	中级以上人数	高级以上人数	折旧年限	提取折旧天数	维修费	残值

注：按系统内生产线实际参数完成上述表格填制。

计件工资参数

工资类 / 工种	初级工	中级工	高级工
计件工资			

注：按系统内生产线实际参数完成上述表格填制。

工人数量

数量 / 工种	初级工	中级工	高级工
数量			

注：按系统内生产线实际参数完成上述表格填制。

产品物料清单

序号	产品标识	R_1（件数）	R_2（件数）	R_3（件数）	R_4（件数）	P_1（件数）	P_2（件数）	P_3（件数）	P_4（件数）
1	P_1								
2	P_2								
3	P_3								
4	P_4								
5	P_5								

注：①按系统内生产线实际参数完成上述表格填制。
②组织生产时，需要按照产品物料清单准备原材料。

第四年生产总监经营报表——在制品统计

项目 / 在制品	P_1	P_2	P_3	P_4	P_5
数量					
在制品价值					

注：产品“在制品价值”合计后并入资产负债表的“在制品”项目的期末数。

第四年生产总监经营报表——生产设备统计

项目 / 生产线	手工	自动	柔性
总投资			
累计折旧			
在建已投资额			

注：①各生产线的（总投资合计－累计折旧合计生产线净值）并入资产负债表的“机器与设备”项的期末数。
②各生产线的在建已投资额合计数并入资产负债表的“在建工程”项的期末数。

第四年生产总监工作任务完成情况

序号	任务	完成情况
1	参加订货会	
2	预算经费申报	

续表

序号	任务	完成情况
3	新建生产线	
4	转产 / 技改生产线	
5	出售生产线	
6	全线推进(厂房内的所有生产线的状态推进)	
7	全线开产(厂房内的所有生产线上线开产)	
8	填制生产报表	

第四年经营收获与反思:

(四)销售总监

第四年销售总监经营规划

序号	市场	订单违约金比例	违约容忍期限(天)	OID1减值	OID2减值	临时延期交货时间(天)	临时单价放大倍数
1	本地						
2	区域						
3	国内						
4	亚洲						
5	国际						

注:按系统内交货规则实际参数完成上述表格填制。

现货市场订单实例

序号	商品标识	当前可售数量	市场出售单价(万元)	市场收购单价(万元)	出售质保期(天)	交货期(天)	年份
1	P_1						
2	P_2						
3	P_3						
4	P_4						

注:①按系统内生产线实际参数完成上述表格填制。

②公司出售给现货市场的产品成交后,增加当期的现货市场产品的库存量。

第四年销售总监经营报表

项目	数量	订单收入	违约罚款	销售成本	产品库存数	库存价值
P_1						
P_2						
P_3						
P_4						
P_5						

第四年底销售总监工作任务完成情况

序号	任务	完成情况
1	参加订货会,获取订单	
2	预算经费申报	
3	产品交货	
4	现货交易市场出售产品	
5	现货交易市场购买产品	
6	临时交易市场获取订单	
7	填制库存和产品统计表	

第四年经营收获与反思：

（五）财务总监

第四年财务总监经营规划

序号	贷款类型	还款 / 利息违约容忍期（天）	还款违约金比例	利息违约金比例	本金OID1减值	本金OID2减值	利息OID1减值	利息OID2减值
1	长贷							
2	短贷							

注：按系统内贷款实际参数完成上述表格填制。

贷款周期详情

贷款周期名称	贷款期限	每期天数	贷款金额	利率
2 季短贷				
3 季短贷				
4 季短贷				
2 年长贷				
3 年长贷				

注：按系统内贷款实际参数完成上述表格填制。

贴现规则说明

序号	贴现费用率	贴现期(天数)
1		
2		
3		
4		

注:按系统内贴现实际参数完成上述表格填制。

费用违约规则说明

序号	费用明细	违约金比例	违约容忍期限(天)
1	管理费		
2	所得税		
3	折旧		
4	设备维修费		
5	基本工资		
6	员工福利		

注:按系统内费用违约实际参数完成上述表格填制。

第四年财务总监经营报表

资金项目	金额
管理费	
设备维修费	
转产及技改费	
基本工资	
培训费	
财务费用	
本年折旧	
其他支出合计	
现金余额	
应收款	
应付款	
长期贷款余额	
短期贷款余额	
股东资本	
所得税	

第四年财务总监工作任务完成情况

序号	任务	任务完成情况
1	参加订货会	
2	岗位现金申请审核并拨款	
3	资金调配（反向拨款）	
4	贷款申请	
5	每月支付费用（包括到期贷款和利息）	
6	提取应收款	
7	应收款贴现	
8	填制财务统计报表	
9	审核年报表并上报	
10	查询经营详情	

第四年经营收获与反思：

八、第四年企业经营情况

第四年费用统计表 （单位：万元）

序号	项目	填报岗位
1	管理费	
2	广告费	

续表

序号	项目	填报岗位
3	设备维修费	
4	转产及技改费	
5	租金	
6	市场准入投资	
7	产品研发费	
8	ISO 资格投资	
9	信息费	
10	培训费	
11	基本工资	
12	费用合计	

第四年利润表　　(单位:万元)

序号	项目	数据来源
1	销售收入	
2	直接成本	
3	毛利	
4	综合费用	
5	折旧前利润	
6	折旧	
7	支付利息前利润	
8	财务费用	
9	营业外收支	
10	税前利润	
11	所得税	
12	净利润	

第四年企业资产负债表　　(单位:万元)

序号	表项	年初数(上年期末数)	期末数
1	现金		
2	应收款		
3	在制品		
4	产成品		
5	原材料		
6	流动资产合计		
7	土地和建筑		

续表

序号	表项	年初数(上年期末数)	期末数
8	机器与设备		
9	在建工程		
10	固定资产合计		
11	资产总计		
12	长期负债		
13	短期负债		
14	应付款		
15	应交税金		
16	负债合计		
17	股东资本		
18	利润留存		
19	本年利润		
20	权益合计		
21	负债+所有者权益总计		

第四年 OID 值统计表

序号	OID 值相关经营操作	本地OID	区域OID	国内OID	亚洲OID	国际OID	合计	第四年 OID 合计
1	交货无违约							
2	市场占有率							
3	贷款无违约							
4	付款收货无违约							
5	订单违约交单							
6	取消订单强制扣除违约金							
7	原料订单延迟收货违约							
8	取消原料订单强制扣除违约金							
9	零售市场出售原料未能履约							
10	零售市场出售产品未能履约							
11	代工延迟收货违约							
12	取消代工订单并强制扣除违约金							
13	贷款延迟还款违约							
14	强制扣除应还贷款及违约金							
15	贷款利息延迟支付违约							
16	强制扣除应还贷利息及违约金							
17	延迟支付维修费违约							

续表

序号	OID 值相关任务动作	本地 OID	区域 OID	国内 OID	亚洲 OID	国际 OID	合计	第四年 OID 合计
18	强制扣除维修费及违约金							
19	延迟支付厂房租金违约							
20	强制扣除厂房租金及违约金							

第四年企业经营反思：